EVA WELLENBERG

FRISCHES BROT

So schnell und einfach wie noch nie

EVA WELLENBERG

FRISCHES BROT

So schnell und einfach wie noch nie

FOTOGRAFIE: MATHIAS NEUBAUER

INHALTSVERZEICHNIS

AUFSTRICHE

Seite 142

Mein Extra-Clou: Für die Aufstriche habe ich Zutaten gewählt, die sich wiederholen. So kannst du aus bereits vorhandenen Zutaten immer wieder neue Aufstriche unterschiedlichen Geschmacks herstellen.

BROTE AUS PFANNE & TOPF

Seite 104

Heute bleibt der Ofen aus – und trotzdem gibt's ein frisches Brot! Brat-Backen heißt hier mein Geheimnis und Erfolgsrezept: Also hole Pfanne oder Topf raus und siehe, nein schmecke selbst, wie großartig diese Methode ist!

VORWORT

Von der Nähanleitung zum Pfannenbrot

2011 startete ich einen Blog, auf dem ich kostenlos Nähanleitungen veröffentlichte. In den Kommentaren las ich immer wieder, wie dankbar die Leser für meine leicht verständlichen Beschreibungen waren. Scheinbar liegt es mir, auch schwierige Arbeitsschritte verständlich zu erklären. Ab 2018 postete ich, eher sporadisch, erste Nähanleitungen auf YouTube.

Das Nähen hat mir Spaß gemacht, meine wahre Leidenschaft war allerdings schon immer das Backen. Das habe ich wohl von meiner Mutter, wir haben früher so oft Plätzchen oder Brot gebacken, dazu selbstgemachte Butter oder Hüttenkäse ... Irgendwann lud ich einfach mal ein Brot-Video hoch und sah erst Monate später, dass es richtig gut ankam. Also lud ich weitere Back-Videos hoch, die Nachfrage wurde größer. Bald entschied ich mich, gar nicht mehr zu nähen ...

Mit der Zeit entwickelte ich eigene Rezepte und stellte fest, dass es geschmacklich und von der Haltbarkeit her keinen Unterschied macht, ob ich einen Teig 8, 3 oder nur 1 Stunden gehen lasse – das Ergebnis unterscheidet sich kaum. Deshalb habe ich angefangen, mich auf »schnelle« Brote zu konzentrieren. Mein Mann und ich sind berufstätig, wir haben drei Kinder und deshalb gar nicht die Zeit und Muße, Stunden für ein Brot aufzubringen. Wie oft habe ich Sonntagnachmittag festgestellt, dass kein Brot mehr da ist – da muss es einfach schnell gehen. In den Kommentaren zu meinen Videos lese ich immer wieder, dass es meinen Zuschauern genauso geht.

Vorteig ansetzen, Brühstück aufsetzen, tagelang den Sauerteig füttern ... das ist einfach nichts für mich. Geht's dir auch so? Dann wünsche ich dir viel Spaß beim Backen und mit meinen Lieblingsrezepten!

Eva Wellenberg

SERVICE

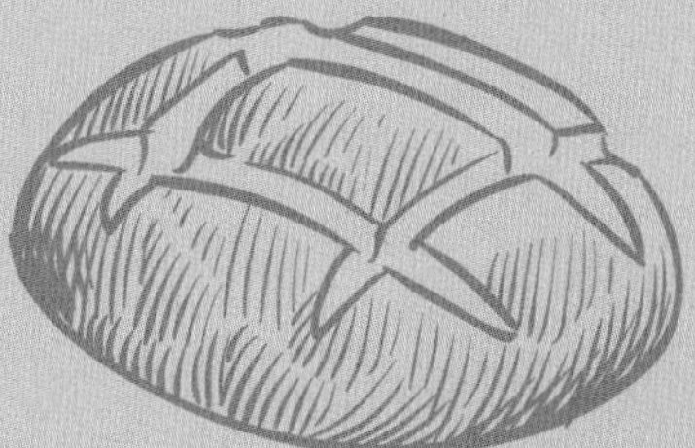

Was gibt es herrlicheres, als den Duft von frisch gebackenem Brot, der sich im ganzen Haus ausbreitet? Damit es auch bei dir gleich lecker duftet, brauchst du keine große Vorbereitung – Zutaten abwiegen, mischen, backen, fertig! Im Grunde ist es so einfach. Ein paar Tipps und Hinweise habe ich aber für dich: Auf den folgenden zwei Seiten findest du Hilfreiches und Wichtiges, damit dein Brot richtig lecker wird.

WAS DU FÜRS BROTBACKEN ZUHAUSE BRAUCHST

MEHL IST DIE BASIS

Jedes Mehl zieht unterschiedlich stark Wasser, das ist abhängig von Type, Qualität und Alter. Deshalb können sich Brote trotz gleicher Mehltypen und Mengenangaben jedes Mal etwas unterscheiden. Dinkelmehl ist generell empfindlicher als Weizenmehl und hat ein schwächeres Klebegerüst. Deshalb sollte Dinkelmehl nicht zu lange geknetet werden: So kurz wie möglich, so lange wie nötig! Mein Tipp: Vitamin-C-Pulver unterstützt und stärkt das empfindliche Klebegerüst beim Dinkelmehl. Auf 500 g reicht eine Messerspitze, alternativ tut es 1 EL Apfelessig.

HEFE MACHT SCHÖN FLUFFIG

In meinen Rezepten arbeite ich fast ausschließlich mit Trockenhefe. Die Päckchen halten sich sehr lange, sind immer griffbereit und lassen sich schnell verarbeiten. Trotzdem kann man Trockenhefe natürlich gegen frische Hefe austauschen: auf 500 g Mehl max. ½ Würfel frische Hefe, eher weniger. Grundsätzlich gilt, je länger ein Teig gehen darf, desto weniger Hefe ist nötig. Das heißt, fürs Gehen über Nacht reichen sogar 5 g frische Hefe aus. Übrigens, um Hefe gehen zu lassen, braucht es keinen Zucker – sie kann auch nur mit der Stärke im Mehl arbeiten.

GETREIDEMÜHLE – FÜR PROFIS UND GENIESSER

Wer eine Getreidemühle hat, sollte diese bei Vollkornbroten oder Rezepten mit Schrot unbedingt benutzen! Mehle mit einem hohem Ausmahlgrad, wie Vollkornmehl, haben einen höheren Fettgehalt und halten sich in der Regel nur bis zu 8 Wochen, danach verlieren sie deutlich an Backeigenschaft und können sogar ranzig werden. Mit einer Getreidemühle hat man immer frisches, nahrhaftes Mehl aus dem ganzen Korn. Vor allem aber gehen Vollkornbrote mit frisch gemahlenem Mehl beim Backen sehr viel besser auf! Übrigens, je heller ein Mehl, desto länger hält es (12 Monate oder länger).

FIT IN (BACK)FORM

Je weicher ein Teig, desto eher sollte eine Backform benutzt werden. Je nach Backform, Länge und Breite kann die Backtemperatur um ein paar Minuten variieren. Bei gut beschichteten Backformen braucht man kein Backpapier – es reicht einfetten und mit Mehl ausstreuen. Hat die Backform bereits Kratzer oder andere Rückstände, lieber Backpapier benutzen. Und Achtung: Mit Backpapier gebackene Brote werden am Rand meist weniger kross.

SILIKONFORMEN

Diese Formen sollte man nicht einfetten – das Fett kann dauerhaft ihre Oberfläche beschädigen. Deshalb einfach sauber ausspülen und den Teig einfüllen. Nach dem Backen die Backorm nur mit Spülmittel und einem weichen Spüllappen reinigen, keine Bürste oder andere harte Gegenstände benutzen.

STEP BY STEP – BASISWISSEN FÜRS BROTBACKEN

TROCKENE UND WEICHE TEIGE KNETEN

Es ist immer besser, Teige von Hand zu kneten. Dadurch erhalten sie mehr Elastizität und ein besseres Klebegerüst. Vor allem aber vermeidet man ein Überkneten, was gerade bei Dinkelmehl wichtig ist. Grundsätzlich können aber alle Teige auch mit dem Knethaken verknetet werden. In manchen Rezepten ist der Teig allerdings zu trocken, um einen Knethaken zu benutzen, dann unbedingt von Hand weiterkneten, dann wird alles wieder weicher und elastischer. Manche Teige wiederum sind zu weich, um sie von Hand zu kneten. Dann entweder einen Holzlöffel oder den Knethaken benutzen.

TEIG GEHEN LASSEN

Je länger ein Teig geht, desto besser und bekömmlicher wird das Brot. Hefeteige lasse ich in der Regel nur 45–60 Min. gehen – Voraussetzung ist eine Gärfunktion im Backofen. Alternativ kann man den Backofen auf 30° (Ober-/Unterhitze) einstellen. Sobald die Masse aufgegangen ist, muss man sie herausholen, da sie sonst wieder einfällt und beim Backen nicht weiter arbeitet! Natürlich kann man Hefeteige auch länger gehen lassen – dann aber nicht im Backofen, sondern 3–6 Std. bei Raumtemperatur oder über Nacht im Kühlschrank.

BACKEN UND BACKZEIT

Meine Brote im Ofen werden alle bei Ober-/Unterhitze gebacken, meist auf der mittleren Schiene. Brote aus Getreidemehl können mit Wasserdampf gebacken werden. Glutenfreie Brote mit Flohsamenschalen dagegen nicht, sie gelingen nur ohne Wasserdampf. Trotz der angegebenen Backzeit kann ein Brot je nach Ofen und Backform kürzer oder länger brauchen.

BROT AUFBEWAHREN

Brote am besten in 1–2 Küchentücher einwickeln und dann in einem Tontopf, einem Brotkasten oder Brotbeutel aufbewahren. Einen Tag lang kann man es auch in eine Tüte packen – aber Vorsicht, wenn man es zu lange darin lässt, kann es schimmeln. Grundsätzlich halten Brote aus Getreide nicht länger als 2 Tage.

Brote ohne Mehl am besten in 1–2 Küchentüchern gewickelt im Brotbeutel aufbewahren. So bleiben sie über mehrere Tage superfrisch. Sie können auch in Scheiben geschnitten eingefroren und nach Bedarf aufgetoastet werden.

IST DAS BROT DURCH?

Um zu prüfen, ob ein Brot durchgebacken ist, machen viele den Klopftest: Einfach auf die Unterseite des frisch gebackenen Brotes klopfen – klingt es hohl, ist das Brot durch. Das funktioniert aber nur unmittelbar nach dem Backen! Noch sicherer ist ein Backthermometer: Einfach in das Brot einstechen, bei 95–100° ist das Brot durchgebacken. Danach das Brot auf einem Gitter abkühlen lassen – niemals auf einen glatten Untergrund legen, da es sonst schwitzt und weich wird. Zur Not eignet sich auch das Backgitter des Ofens, dann darauf achten, dass die Luft unten gut zirkulieren kann.

SCHNELLE BROTE

Auch mit wenig Zeitaufwand lassen sich unglaublich tolle Brote zubereiten. Vor allem Brote mit Molke oder Buttermilch halten sich auch ohne Sauerteig extralange frisch. Ob in einem Bräter, einer Backform oder einfach auf dem Backblech gebacken, hier ist für alle etwas dabei. Und sollten einmal ein paar Scheiben übrigbleiben und trocken werden, dann kannst du ganz nachhaltig »Arme Ritter« daraus zaubern – so hat es meine Mutter gemacht.

BROT OHNE KNETEN

Einfacher geht's nun wirklich nicht: Für dieses Brot brauchst du wirklich nur Mehl, Wasser, Salz, Hefe und einen ofenfesten Bräter. Dank Trockenhefe lässt es sich auch mal schnell aus dem Vorrat zaubern.

Für 1 Brot
Zubereitung: 10 Min.
Gehen: 1 Std.
Backen: 55 Min.
Pro Scheibe ca. 102 kcal,
21 g KH, 4 g E, 0 g F

600 g Weizenmehl (Type 550; oder Dinkelmehl (Type 630))
Salz
2 TL Trockenhefe
440 ml Wasser

Außerdem
ofenfester Bräter mit Deckel (24 cm ∅)
Mehl für die Form

1 Das Mehl mit 2 TL Salz in einer Schüssel mischen. Die Trockenhefe in 440 ml lauwarmem Wasser auflösen und sofort auf das Mehl gießen. Dann alles mit einem Holzlöffel verrühren, bis sich Mehl und Wasser verbunden haben. (Der Teig wird nicht geknetet, dafür ist er zu weich.)

2 Den Teig abdecken und für ca. 1 Std. an einem warmen Ort gehen lassen, bis sich sein Volumen verdoppelt hat.

3 Wenn der Teig aufgegangen ist, den Backofen zusammen mit dem Bräter und Deckel auf 230° vorheizen. Inzwischen den Teig in der Schüssel einmal ringsum mit einer Teigkarte falten. Dafür die Teigkarte jeweils am Schüsselrand ansetzen und den Teig von außen nach innen stülpen.

4 Sobald der Ofen heiß ist, den heißen Bräter heraus- und den Deckel abnehmen. Etwas Mehl auf den Boden des Bräters streuen, dann den Teig direkt aus der Schüssel in den heißen Bräter geben. Schnell noch ein bisschen Mehl oben auf den Teig streuen, das Brot möglichst einschneiden und den Deckel sofort wieder auflegen. Den Bräter zurück in den heißen Ofen (2. Schiene von unten) schieben und das Brot für ca. 45 Min. backen.

5 Nach ca. 45 Min. den Deckel entfernen und das Brot in weiteren 15–20 Min. fertig backen. Anschließend das Brot vorsichtig aus dem Bräter nehmen und auf einem Gitter abkühlen lassen – oder noch lauwarm genießen.

VOLLKORN-SCHROT-BROT

Was ist noch gesünder als Vollkorn? Richtig, Schrot. Der sorgt nicht nur für mehr Ballaststoffe, er gibt dem Brot, wortwörtlich gesehen, den richtigen Biss! Vom Frühstück bis zum Abendbrot!

Für 1 Brot
Zubereitung: 15 Min.
Gehen: 1 Std.
Backen: 55 Min.
Pro Scheibe ca. 85 kcal,
14 g KH, 3 g E, 1 g F

400 g Vollkorn-Weizenmehl
100 g Weizenschrot (grob gemahlenes Getreide)
30 g Sonnenblumenkerne
1½ TL Salz
2 TL Trockenhefe
430 ml Wasser

Außerdem
Backform (2 l)

1 Das Mehl mit dem Schrot, den Sonnenblumenkernen und dem Salz in einer Schüssel vermischen. Die Trockenhefe in 430 ml lauwarmem Wasser auflösen und auf den Mehlmix geben. Alle Zutaten mit einem Holzlöffel verrühren oder einen Knethaken benutzen – der Teig ist sehr weich.

2 Wenn alle Zutaten gut vermischt sind, die Schüssel gut abdecken und mind. 1 Std. an einen warmen Ort stellen, bis sich das Teigvolumen in etwa verdoppelt hat.

3 Wenn der Teig aufgegangen ist, wird er in der Schüssel gefaltet. Dazu mit einer Teigkarte am Schüsselrand ansetzen und einmal ringsherum von außen nach innen stülpen. Die Backform mit Backpapier auslegen und den Teig in die Form geben. Noch ein wenig Schrot (oder Mehl) auf dem Teig verteilen. Abdecken und zur Seite stellen.

4 Inzwischen den Backofen auf 200° vorheizen. Das Brot im heißen Ofen (2. Schiene von unten) für ca. 20 Min. backen. Dann die Temperatur auf 180° reduzieren und das Brot in 30–35 Min. zu Ende backen. Anschließend direkt aus der Form lösen und auf einem Gitter auskühlen lassen.

Mein Tipp

Wenn du eine Getreidemühle besitzt, solltest du diese unbedingt benutzen. Brote mit frisch gemahlenem Getreide gehen nicht nur besser auf, sie sind auch noch gesünder. Aber keine Sorge, du kannst auch getrost alle Zutaten im Supermarkt kaufen. Das Brot schmeckt immer fantastisch!

SCHNELLES BAUERNBROT

Dieses (fast) klassische Roggenmischbrot ist wirklich schnell gebacken, denn es kommt ganz ohne aufwändig angesetzten Sauerteig aus – Sauerteigextrakt sei Dank!

Für 1 Brot
Zubereitung: 15 Min.
Gehen: 1 Std. + 20 Min.
Backen: 55 Min.
Pro Scheibe ca. 85 kcal,
17 g KH, 3 g E, 0 g F

425 g Weizenmehl (Type 1050)
75 g Roggenmehl
(Type 997 oder 1150)
15 g Sauerteigextrakt
2 TL Trockenhefe
1½ TL Salz
330 ml Wasser

Außerdem
beschichtete Backform (2 l)

1 Die beiden Mehlsorten mit dem Sauerteigextrakt und dem Salz gut in einer Schüssel vermischen. 2 TL Trockenhefe in 330 ml lauwarmes Wasser einrühren und sofort auf das Mehl geben. Alles mit dem Knethaken in ca. 5 Min. zu einem glatten Teig verkneten. Dann die Schüssel abdecken und für mind. 1 Std. an einen warmen Ort stellen, bis sich der Teig in etwa verdoppelt hat (je nach Teigbeschaffenheit kann das auch länger dauern).

2 Den Teig in der Schüssel einmal rundherum falten, dazu jeweils mit einer Teigkarte am Rand ansetzen und den Teig von außen nach innen falten. Dann die Form mit Backpapier auslegen und den Teig hineingeben, abdecken und noch einmal ca. 20 Min. gehen lassen.

3 Inzwischen den Backofen auf 200° vorheizen. Das Brot im heißen Ofen (2. Schiene von unten) in ca. 45–55 Min. goldbraun backen, dabei nach ca. 20 Minuten die Temperatur auf 180° reduzieren. Das Brot herausnehmen, aus der Form lösen und auf einem Gitter auskühlen lassen.

BROT AUS DEM EDELSTAHLTOPF

Brote im Topf sind einfach zu backen, außen kross und innen zart. Allerdings haben nicht alle einen passenden Bräter zuhause. Deshalb zeige ich hier, wie du dein Topf-Brot auch in einem gewöhnlichen Edelstahltopf backen kannst. Du wirst überrascht sein, wie einfach das ist!

Für 1 Brot
Zubereitung: 10 Min.
Gehen: 1 Std. + 20 Min.
Backen: 1 Std. 20 Min.
Pro Scheibe ca. 100 kcal,
21 g KH, 3 g E, 0 g F

600 g Weizenmehl (Type 550)
2 TL Salz
2 TL Trockenhefe (6 g)
400 ml Wasser

Außerdem:
Edelstahltopf (20 cm ∅)
Edelstahldeckel
Mehl zum Arbeiten

1 Das Mehl mit dem Salz in einer Schüssel vermischen. Die Trockenhefe in 400 ml lauwarmem Wasser auflösen und auf das Mehl gießen. Alles mit einem Holzlöffel oder Knethaken verrühren, bis der Teig klumpenfrei vermischt ist. Die Schüssel abdecken und für mind. 1 Std. an einen warmen Ort stellen, bis der Teig sein Volumen verdoppelt hat.

2 Einen Bogen Backpapier auf der Arbeitsfläche auslegen und großzügig Mehl darauf verteilen. Dann den Teig auf das bemehlte Backpapier geben und mit einer Teigkarte den Teig einmal ringsum im Mehl falten. Dafür die Teigkarte außen am Teig ansetzen und zur Mitte hin falten, sodass am Ende der komplette Teig mit Mehl bedeckt ist.

3 Jetzt alle 4 Ecken des Backpapiers mit den Händen greifen und zur Mitte hin anheben. Das Backpapier samt dem Teig in den Topf setzen. Die Ränder des Papiers über den Topfrand nach außen falten, den Deckel auflegen und den Teig noch einmal ca. 20 Min. gehen lassen.

4 Inzwischen den Backofen auf 210° vorheizen. Sobald der Ofen die Temperatur erreicht hat, den Teig oben mit etwas Mehl bestreuen. Dann den Deckel wieder aufsetzen und das Brot im heißen Ofen (2. Schiene von unten) ca. 1 Std. backen. Nun sollte die Oberfläche fest sein und das Brot von alleine stehen können. Falls das Brot doch noch zu weich und instabil ist, weitere 10–15 Min. im Topf backen.

5 Den Topf aus dem Ofen holen. Das Brot samt dem Backpapier aus dem Topf heben und auf ein Backblech legen. Das Backblech mit dem Brot sofort zurück in den heißen Ofen (2. Schiene von unten) schieben, die Temperatur auf 200° zurückschalten und das Brot in ca. 15–20 Min. fertig backen. Auf einem Gitter auskühlen lassen.

FRÜCHTEBROT ALL OVER

Früchtebrot ist viel zu schade, um es nur zur Weihnachtszeit zu essen. Aus diesem Grund gibt es hier die Variante »all over« – fürs ganze Jahr.

Für 1 Brot
Zubereitung: 20 Min.
Gehen: 10 Min.
Backen: 1 Std.
Pro Scheibe ca. 150 kcal,
19 g KH, 3 g E, 6 g F

450 g gemischte getrocknete Früchte (z. B. Feigen, Datteln, Pflaumen, Aprikosen, Rosinen)
200 g gemischte Nüsse (z. B. Haselnusskerne, Mandeln, Walnusskerne, Pekannusskerne)
80 g Weizenmehl (Type 550)
100 g Vollkornmehl
2 TL Weinstein-Backpulver
200 ml Wasser
¼ TL Zimt (nach Belieben)
1 TL Lebkuchengewürz (nach Belieben)

1 Große Trockenfrüchte halbieren, besser noch vierteln, und in eine Schüssel geben. Große Nüsse wie Walnüsse oder Pekannüsse halbieren, dann Früchte und Nüsse gut durchmischen. Die Mehlsorten auf die Nuss-Frucht-Mischung geben und unterheben. Das Wasser dazugießen und alles von Hand gründlich vermischen. Abdecken und ca. 30 Min. ziehen lassen.

2 Ein Backblech mit Backpapier auslegen. Den Teig auf das Backpapier geben, gut andrücken und dabei zu einem ovalen Laib formen. Dann den Teig nochmal ca. 20 Min. ruhen lassen.

3 Inzwischen den Backofen auf 180° vorheizen. Das Brot im heißen Ofen (unten) ca. 1 Std. backen, herausnehmen und auf einem Gitter abkühlen lassen. Man kann es gleich essen, besser aber mind. 2 Tage in Backpapier wickeln und in einer Blechdose oder in Alufolie ziehen lassen.

Für Sparfüchse

Es gibt bereits fertige Nuss- und Softobst-Mischungen zu kaufen. Die eignen sich ebenfalls sehr gut für das Früchtebrot und sind etwas günstiger als alle Zutaten einzeln.

5-MINUTEN-VOLLKORNBROT

Wenn es mal echt schnell gehen muss, ist dieses Rezept genau das Richtige für dich. Der Teig kommt komplett ohne Gehzeit aus und kann sofort gebacken werden. Perfekt, wenn der Bäcker schon geschlossen hat.

Für 1 Brot
Zubereitung: 5 Min.
Backen: 45 Min.
Pro Scheibe ca. 85 kcal, 15 g KH, 3 g E, 0 g F

500 g Vollkorn-Weizenmehl
1½ TL Salz
2 TL Trockenhefe
480 ml Wasser

Außerdem
Backform (2 l)

1 Mehl und Salz mischen. Die Trockenhefe in 480 ml warmem Wasser einrühren und sofort auf das Mehl geben. Alles mit einem Holzlöffel zu einem glatten Teig verrühren – er wird nicht geknetet.

2 Die Backform mit Backpapier auslegen und den Teig sofort in die Backform geben. Etwas Mehl auf dem Teig verteilen.

3 Den Backofen auf 200° vorheizen. Sobald der Ofen seine Temperatur erreicht hat, das Brot in den heißen Ofen (2. Schiene von unten) schieben und ca. 20 Min. backen. Dann die Temperatur auf 180° reduzieren und das Brot nochmal 25–30 Min. backen. Anschließend herausnehmen, vorsichtig auf ein Gitter stürzen und abkühlen lassen.

Frisches Mehl

Wenn du eine Getreidemühle hast, solltest du dein Mehl unbedingt selbst mahlen. Mit frisch gemahlenem Mehl geht das Brot noch besser auf.

BAGUETTE

Außen richtig knusprig, innen schön weich, so muss das klassisch französische Baguette sein. Ich finde, es passt eigentlich zu jeder Gelegenheit – zum Frühstück, zum Abendbrot oder zum Grillen.

Für 2 Baguettes
Zubereitung: 10 Min.
Gehen: 1 Std. + 10 Min.
Backen: 25 Min.
Pro Scheibe ca. 40 kcal,
8 g KH, 1 g E, 0 g F

400 g Weizenmehl (Type 550)
\+ mehr zum Arbeiten
1 TL Salz
2 TL Trockenhefe
260 ml Wasser

Außerdem
Baguette-Blech (oder Backpapier)

1 Mehl und Salz in einer Schüssel vermischen. Die Hefe in 260 ml lauwarmem Wasser einrühren und auf das Mehl geben, alles mit einem Holzlöffel verrühren. Die Schüssel gut abdecken und für ca. 1 Std. an einem warmen Ort zur Seite stellen, bis sich der Teig in etwa verdoppelt hat.

2 Großzügig Mehl auf die Arbeitsplatte streuen. Den aufgegangenen Teig darauf geben und ebenfalls mit reichlich Mehl bestreuen. Der Teig wird nun viermal gefaltet: von oben zur Mitte, von unten zur Mitte, von links zur Mitte, von rechts zur Mitte. Dann zu einer Kugel formen und diese mit der Teigkarte in 2 Hälften teilen. Jedes Teigstück mit den Händen zu einem Strang von ca. 40 cm Länge formen.

3 Die Baguetteform mit Mehl ausstreuen, die Teigstränge in die Mulden legen und die Form auf ein Backblech stellen. (Alternativ die Stränge mit genug Abstand auf ein mit Backpapier belegtes Blech legen.) Die Baguettes mit einem Küchentuch abdecken und ca. 10 Min. gehen lassen.

4 Inzwischen den Backofen auf 230° vorheizen. Wenn der Ofen auf Temperatur ist, die Baguettes jeweils viermal mit einem scharfen Messer schräg einschneiden. Dann im heißen Ofen (2. Schiene von unten) für ca. 20–25 Min. backen. Anschließend auf einem Gitter abkühlen lassen.

SAATENBROT

Etwas Mehl, ein paar Körner und Saaten, Wasser drauf und – zack! – fertig ist das Brot. So einfach? Im Grunde genommen ja! Probiere es aus und lass dich von diesem Brot überraschen.

Für 1 Brot
Zubereitung: 15 Min.
Gehen: 1 Std. + 20 Min
Backen: 50 Min.
Pro Scheibe ca. 105 kcal,
17 g KH, 4 g E, 2 g F

350 g Weizenmehl (Type 1050)
150 g Weizen-Vollkornmehl
1½ TL Salz
20 g Sesam
20 g Sonnenblumenkerne
20 g geschrotete Leinsamen
2 TL Trockenhefe
320 ml Wasser

Außerdem
20 g Kerne zum Bestreuen

1 Mehlsorten, Salz, Sesam, Sonnenblumenkerne und Leinsamen gründlich mischen. Die Trockenhefe in 320 ml lauwarmem Wasser auflösen und direkt auf den Mehl-Mix geben. Dann alles von Hand oder mit dem Knethaken zu einem glatten Teig kneten. Die Schüssel gut abdecken und den Teig ca. 1 Std. gehen lassen, bis sich sein Volumen in etwa verdoppelt hat.

2 Den aufgegangenen Teig noch einmal kurz durchkneten, dann zu einer Kugel formen. Die restlichen Kerne aufstreuen und leicht andrücken. Den Brotlaib auf ein mit Backpapier ausgelegtes Backblech legen, mit einem Küchentuch abdecken und nochmal 15–20 Min. gehen lassen.

3 Inzwischen den Backofen auf 200° vorheizen. Ein feuerfestes Schälchen mit Wasser auf den Ofenboden stellen. Das Brot vor dem Backen mit einem scharfen Messer einmal einschneiden. Dann das Brot im heißen Ofen (2. Schiene von unten) für ca. 50 Min. backen, dabei nach ca. 30 Min. die Temperatur auf 180° reduzieren. Anschließend das Brot herausnehmen und auf einem Gitter abkühlen lassen.

ZARTE BUCHTELN

Sonntagmorgen duftet es bei mir im ganzen Haus nach diesem süßen Hefe-Traum. Am besten schmecken die Buchteln noch lauwarm … mit Marmelade, Nuss-Nugat-Creme oder einfach so. Kann ein Sonntag besser starten?

Für 8 Stück
Zubereitung: 15 Min.
Gehen: 1 Std. + 10 Min.
Backen: 25 Min.
Pro Stück ca. 234 kcal,
43 g KH, 8 g E, 3 g F

230 ml Milch
20 g Butter + mehr zum Bestreichen
1 TL Trockenhefe
50 g Zucker (mehr oder weniger nach Belieben)
1 Ei (M)
350 g Weizenmehl (Type 405) + mehr zum Arbeiten

Außerdem
Auflaufform (ca. 20 × 25 cm)
Fett und Mehl für die Form

1 Die Milch mit der Butter in einem kleinen Topf nur leicht erwärmen (unter 40°), in eine Schüssel füllen und mit Trockenhefe, Zucker und Ei verquirlen. Das Mehl dazugeben und alles mit einem Holzlöffel oder Knethaken zu einem glatten Teig verrühren. Die Schüssel abdecken und für ca. 1 Std. an einen warmen Ort stellen, bis sich der Teig in etwa verdoppelt hat.

2 Etwas Mehl auf der Arbeitsfläche verteilen und den Teig darauf geben. Den Teig von oben ebenfalls mit Mehl bestreuen, dann mit einer Teigkarte einmal rundherum von außen nach innen falten. Den Teig umdrehen und zu einer Kugel formen. Diese mit der Teigkarte in 8 gleich große Stücke teilen, diese ebenfalls zu Kugeln formen.

3 Die Auflaufform einfetten und bemehlen (oder mit Backpapier auslegen). Die Teigkugeln gleichmäßig hineinlegen, die Form abdecken und den Teig noch einmal ca. 10 Min. gehen lassen.

4 Inzwischen den Backofen auf 180° vorheizen. Dann die Buchteln im heißen Ofen (unten) für 20–25 Min. backen. Gleich nach dem Backen die Buchteln mit Butter bestreichen. Dadurch werden sie richtig zart und bekommen eine glänzende Oberfläche. Dann auf einem Gitter abkühlen lassen oder noch lauwarm aus der Auflaufform heraus genießen.

TOASTBROT

Selbst gebacken schmeckt doch immer besser – das gilt auch für den Frühstücksklassiker! Ich esse meinen frisch gerösteten Toast ja am liebsten mit Apfelbutter – das Rezept gibt's auf meinem YouTube-Kanal.

Für 1 Brot
Zubereitung: 15 Min.
Gehen: 1 Std. + 30 Min.
Backen: 50 Min.
Pro Scheibe ca. 109 kcal, 19 g KH, 3 g E, 2 g F

500 g Mehl (Type 550)
1½ TL Salz
10 g Zucker
2 TL Trockenhefe
100 ml Wasser
200 ml Milch
40 g weiche Butter

Außerdem
Kastenform (30 cm)

1 Mehl, Salz und Zucker in einer Schüssel vermischen. Die Trockenhefe in 100 ml lauwarmem Wasser auflösen. Die Milch nur leicht erwärmen, dann Hefe-Mix, lauwarme Milch und Butter zum Mehl geben. Alles mit dem Knethaken zu einem glatten Teig kneten. Abdecken und für 1 Std. an einem warmen Ort gehen lassen, bis sich der Teig in etwa verdoppelt hat.

2 Nach dem Gehen den Teig noch einmal durchkneten, dann in eine mit Backpapier ausgelegte Backform geben. Abgedeckt noch einmal 20–30 Min. gehen lassen, sodass der Teig noch etwas aufgehen kann.

3 Während der Teig geht, den Backofen auf 180° vorheizen. Dann das Brot im heißen Ofen (2. Schiene von unten) in 45–50 Min. goldbraun backen. Herausnehmen, aus der Form lösen und auf einem Gitter abkühlen lassen.

Immer frisch

Das Brot eignet sich hervorragend, um es in Scheiben geschnitten einzufrieren. Dann kannst du es scheibenweise aus dem Gefrierfach holen und frisch auftoasten.

DINKEL-VOLL-KORNBROT

Brote aus Dinkel sind lecker und für viele bekömmlicher. Wäre da nur nicht das empfindliche Teiggerüst, das die Brote oft nicht so schön aufgehen lässt. Mit diesem Rezept gehört das allerdings der Vergangenheit an.

Für 1 Brot
Zubereitung: 10 Min.
Gehen: 1 Std. + 20 Min.
Backen: 50 Min.
Pro Scheibe ca. 90 kcal,
16 g KH, 4 g E, 1 g F

500 g Vollkorn-Dinkelmehl
1½ TL Salz
1 Msp. Vitamin-C-Pulver (oder
1 EL Apfelessig)
450 ml Wasser (oder Molke)
2 TL Trockenhefe

Außerdem
beschichtete Kastenform (30 cm)

1 Das Mehl mit Salz und Vitamin C in einer Schüssel gründlich mischen. Die Hefe mit 450 ml lauwarmem Wasser mischen und sofort zur Mehlmischung geben. Alles mit einem Holzlöffel zu einem homogenen Teig verrühren, dann mit einem feuchten Küchentuch abdecken. Die Schüssel ca. 1 Std. an einen warmen Ort stellen, bis sich der Teig in etwa verdoppelt hat.

2 Den aufgegangenen Teig mit einer Teigkarte in der Schüssel einmal ringsum jeweils von außen nach innen falten. Eine Backform mit Backpapier auslegen und den Teig in die Backform füllen. Den Teig mit einem Küchentuch abdecken und noch einmal ca. 20 Min. gehen lassen.

3 Inzwischen den Backofen auf 200° vorheizen. Das Brot im heißen Ofen (2. Schiene von unten) ca. 20 Min. backen. Dann die Temperatur auf 180° reduzieren und das Brot in 25–30 Min. fertig backen. Herausnehmen und sofort aus der Form lösen, auf ein Gitter geben und auskühlen lassen.

Starker Teig

Das Vitamin C stärkt das Klebegerüst im Dinkelteig. In Vitamin-C-Dosen liegt meist ein winziger Löffel bei, diese Menge ist genau richtig, um den Brotteig stabiler zu machen.

BLICK INS BROT

BLITZBROT OHNE HEFE

Wenn es mal richtig schnell gehen muss und du kurz vor dem Abendessen feststellst, dass kein Brot mehr im Haus ist… Dann ist dieses Brot genau das Richtige. Anmischen, backen, fertig!

Für 1 Brot
Zubereitung: 10 Min.
Backen: 45 Min.
Pro Scheibe ca. 85 kcal, 17 g KH, 3 g E, 0 g F

250 g Weizenmehl (Type 550)
250 g Weizenmehl (Type 1050)
1½ TL Salz
1 Pck. Backpulver
380 ml Wasser (oder Molke)

Außerdem
beschichtete Backform (2 l)

1 Beide Mehlsorten mit Salz und Backpulver gründlich in einer Schüssel vermischen. 380 ml Wasser auf den Mehlmix geben und alles mit dem Knethaken ca. 5 Min. durchkneten, bis ein homogener, elastischer Teig entstanden ist. Die Backform mit Backpapier auslegen, den Teig direkt in die Backform füllen und etwas Mehl oben auf den Teig streuen. Den Ofen auf 190° vorheizen, das Brot inzwischen etwas ruhen lassen.

2 Dann das Brot im heißen Ofen (2. Schiene von unten) ca. 45 Min. backen. Anschließend herausnehmen, aus der Form stürzen und vor dem Anschneiden auf einem Gitter komplett auskühlen lassen.

Geht auch

Natürlich kannst du auch nur eine Sorte Mehl verwenden. Auch mit Dinkelmehl funktioniert dieses Rezept toll und blitzschnell.

SONNTAGSSTUTEN

Was gibt es besseres, als sonntags einen leckeren Stuten zu genießen? Richtig: Den Stuten auch an jedem anderen Tag vernaschen zu können. Vor allem, wenn er so lecker und saftig wie dieser hier ist!

Für 1 Brot
Zubereitung: 10 Min.
Gehen: 1 Std. + 20 Min.
Backen: 50 Min.
Pro Scheibe ca. 135 kcal,
21 g KH, 3 g E, 4 g F

250 ml Milch + etwas mehr
80 g Butter
⅓ Würfel frische Hefe
(oder 1½ TL Trockenhefe)
500 g Weizenmehl (Type 405)
50 g Zucker (mehr oder weniger nach Belieben)

Außerdem
beschichtete Kastenform (25 cm)
Fett und Mehl für die From

1 Die Milch nur leicht erwärmen, die Butter darin komplett schmelzen lassen. Die Hefe in die Milch bröckeln (oder einrühren) und zur Seite stellen.

2 In einer Schüssel das Mehl mit dem Zucker vermischen und den Milchmix in einem Schwung auf das Mehl geben. Dann alles mit dem Knethaken zu einem glatten Teig kneten, die Schüssel abdecken und für ca. 1 Std. an einen warmen Ort stellen, bis sich der Teig sichtbar vergrößert hat.

3 Die Backform einfetten. Den Teig nach dem Gehen noch einmal kurz mit der Hand durchkneten, dann in die Backform geben. Die Form abdecken und noch einmal für ca. 20 Min. zur Seite stellen.

4 Inzwischen den Backofen auf 180° vorheizen. Den Stuten mit etwas Milch bepinseln, dann im heißen Ofen (2. Schiene von unten) für 45–50 Min. goldbraun backen. Anschließend herausnehmen, aus der Form lösen und auf einem Gitter auskühlen lassen.

Nicht zu lange backen

Der Stuten darf nicht zu dunkel werden, sonst wird er trocken. Achte deshalb genau auf die Backzeit – viele haben Sorge, dass das Brot nicht durch sein könnte und lassen es zu lange im Ofen.

BROT MIT SCHROT UND GRÜNKERN

Viel Schrot und Grünkern und trotzdem ist dieses Brot immer noch schön weich von innen – die perfekte Basis für eine nahrhafte Mittagsstulle.

Für 1 Brot
Zubereitung: 15 Min.
Warten: 1 Std.
Gehen: 1 Std. + 30 Min.
Backen: 50 Min.
Pro Scheibe ca. 90 kcal,
14 g KH, 4 g E, 1 g F

150 g Weizenschrot
50 g Grünkernschrot
300 ml Wasser
250 g Weizenmehl (Type 1050)
60 g geschrotete Leinsamen
1½ TL Salz
2 TL Trockenhefe

Außerdem
Backform (2 l)
Leinsamen zum Bestreuen

1 Den Weizen- und Grünkernschrot in eine Schüssel geben, 160 ml kochendes Wasser darüber gießen und alles gut verrühren. Die Schüssel abgedeckt für mind. 1 Std. beiseitestellen.

2 Das Weizenmehl mit Leinsamen und Salz in einer zweiten Schüssel vermischen. Die Trockenhefe in 140 ml warmem Wasser auflösen und mit der Schrotmischung mischen, sobald diese etwas abgekühlt ist. Die trockenen Zutaten aus der zweiten Schüssel auf die Schrotmischung geben und alles mit dem Knethaken gründlich verrühren. Abdecken und an einem warmen Ort gehen lassen, bis sich sein Volumen deutlich vergrößert hat.

3 Den aufgegangenen Teig noch einmal gut mit dem Knethaken durchkneten. Die Backform mit Backpapier auslegen. Den Teig darauf geben und mit Leinsamen bestreuen. Noch einmal für 20–30 Min. gehen lassen, bis sich sein Volumen deutlich vergrößert hat.

4 Inzwischen den Ofen auf 200° vorheizen, dann das Brot im heißen Ofen (2. Schiene von unten) ca. 50 Min. backen. Falls es zu dunkel wird, die Temperatur nach ca. 30 Min. auf 180° reduzieren. Anschließend das Brot herausnehmen, aus der Form lösen und auf einem Gitter auskühlen lassen.

Hauptsache Schrot

Solltest du keinen Grünkernschrot bekommen, kannst du die Menge durch Weizenschrot oder anderen Schrot ersetzen.

SCHMELZFLOCKEN-BROT

Schmelzflocken sind nur was für Babys Brei? Sicher nicht, wie dieses Brot beweist. Denn sie machen dieses Brot richtig saftig und schön weich.

Für 1 Brot
Zubereitung: 15 Min.
Gehen: 1 Std. + 20 Min.
Backen: 50 Min.
Pro Scheibe ca. 105 kcal,
19 g KH, 4 g E, 1 g F

200 ml Buttermilch
100 g Schmelzflocken (z. B. Hafer)
480 g Weizenmehl (Type 1050)
1½ TL Salz
2 TL Trockenhefe
250 ml Wasser

Außerdem
Backform (2 l)
Haferflocken zum Bestreuen

1 Die Buttermilch in einem kleinen Topf lauwarm erhitzen. Die Schmelzflocken einrühren und den Brei zur Seite stellen.

2 Mehl und Salz mischen. Die Trockenhefe in einer Schüssel in 250 ml lauwarmem Wasser auflösen und mit dem Schmelzflockenbrei vermischen. Die Mehlmischung dazugeben und alles mit dem Knethaken gut verkneten. Dann die Schüssel abdecken und den Teig an einem warmen Ort ca. 1 Std. gehen lassen, bis er sich in etwa verdoppelt hat.

3 Den Teig noch einmal gut durchkneten und in eine mit Backpapier ausgelegte Form legen. Die Oberfläche des Teiges mit Haferflocken bestreuen. Abdecken und noch einmal ca. 20 Min. gehen lassen, bis sich der Teig etwas vergrößert hat (er muss sich aber nicht verdoppeln).

4 Den Backofen auf 200° vorheizen. Das Brot im heißen Ofen (2. Schiene von unten) ca. 20 Min. backen. Dann die Temperatur auf 180° reduzieren und das Brot in 25–30 Min. zu Ende backen. Herausnehmen, aus der Form lösen und auf einem Gitter auskühlen lassen.

Andere Flocken

Das Brot lässt sich eigentlich mit jeder Sorte Schmelzflocken zubereiten. Probiere doch auch mal Dinkelflocken.

SAFTIGES HAFERFLOCKEN-BROT

Haferflocken sind echt vielseitig. Sie machen sich im Müsli genauso gut wie im Brot. Zusammen mit Buttermilch und Joghurt schmeckt dieses Brot nicht nur ausgezeichnet, es bleibt auch mehrere Tage schön saftig und frisch.

Für 1 Brot
Zubereitung: 15 Min.
Gehen: 1 Std. + 30 Min.
Backen: 50 Min.
Pro Scheibe ca. 95 kcal,
17 g KH, 4 g E, 1 g F

300 g Weizenmehl (Type 1050)
100 g Vollkorn-Weizenmehl
100 g zarte Haferflocken
2 TL Salz
2 TL Trockenhefe
50 ml Wasser
250 ml zimmerwarme Buttermilch
120 g Joghurt

Außerdem
Backform (2 l)
Haferflocken zum Bestreuen

1 Die beiden Mehlsorten mit den Haferflocken und dem Salz vermischen. Die Trockenhefe in 50 ml lauwarmem Wasser auflösen. Hefemix, Buttermilch und Joghurt zum Mehl geben und alles mit dem Knethaken gründlich verkneten. Den Teig abdecken und an einem warmen Ort ca. 1 Std. gehen lassen, bis er sich in etwa verdoppelt hat.

2 Den Teig noch einmal mit dem Knethaken durchkneten und in eine mit Backpapier ausgelegte Backform geben. Mit Haferflocken bestreuen und noch einmal ca. 20–30 Min. gehen lassen, bis der Teig etwas aufgegangen ist.

3 Während der Teig geht, den Backofen auf 200° vorheizen. Den Teig mit etwas Wasser bestreichen und mit ein paar Haferflocken bestreuen. Im heißen Ofen ca. 25 Min. backen. Dann die Temperatur auf 180° reduzieren und das Brot in ca. 25 Min. fertig backen. Herausnehmen, aus der Form lösen und das Brot auf einem Gitter auskühlen lassen.

Gut zu wissen

Die angegebenen Backzeiten variieren natürlich abhängig von den Kerzen und dem Abstand der Kerzenflamme zum Topfboden. Das Brot kann aber auch schon früher oder etwas später fertig sein. Bienenwachs-Teelichter etwa werden sehr viel heißer als welche aus Paraffin und das Brot wäre schneller durch. Deshalb noch einmal: Sobald der Teig oben trocken ist, kann er gewendet werden. Wichtig: Wenn Du den Abstand der Kerzen zueinander und zum Topfboden einhältst, dann kann nichts passieren. Trotzdem solltest du immer eine Löschdecke oder einen speziellen Feuerlöscher für die Küche griffbereit haben. Und die brennenden Kerzen bitte nie (!) aus den Augen lassen.

BLICK INS BROT

BLACKOUT-BROT

Stromausfall und niemand muss hungern! Das Backen mit Teelichtern soll den Ofen natürlich nicht im Alltag ersetzen. Aber für den Fall der Fälle ist es nützlich, wenn man sich mit ein paar Utensilien selbst helfen kann.

Für 1 Brot
Zubereitung: ca. 15 Min.
Gehen: 1 Std. + 30 Min.
Backen: 4 Std.
Pro Scheibe ca. 75 kcal,
16 g KH, 3 g E, 0 g F

450 g Weizenmehl (Type 550)
1½ TL Salz
2 TL Trockenhefe
280 ml Wasser

Außerdem
(Panettone-)Backform (18 cm ∅, 10 cm hoch)
Mehl für die Form
ofenfester Bräter mit Deckel (ca. 24 cm ∅)
2 Inbusschlüssel (oder 4 Muttern)
kleine Schälchen als Abstandshalter (ca. 4 cm hoch)
8 Teelichter (Brenndauer mind. 4 Std.)

1 Das Mehl mit dem Salz in einer Schüssel vermischen. Die Trockenhefe in 280 ml Wasser auflösen, auf das Mehl geben und alles mit einem Holzlöffel soweit wie möglich verrühren. Den Teig anschließend von Hand für ca. 5 Min. verkneten. Dann die Schüssel abdecken und möglichst an einen warmen Ort stellen, bis sich der Teig in etwa verdoppelt hat.

2 Den Teig einmal rundherum falten: Mit der Teigkarte am Schüsselrand ansetzen und den Teig von außen nach innen stülpen. Etwas Mehl auf den Boden der Backform streuen und den Teig hineingeben. Abdecken und noch einmal für ca. 20–30 Minuten gehen lassen.

3 Inzwischen die Backstation vorbereiten: Inbusschlüssel in den Bräter legen, darauf wird später die Backform gestellt. Der Bräter simuliert unseren Backofen, die Inbusschlüssel lassen die Wärme zirkulieren. Auf dem Ceranfeld 8 Teelichter verteilen: 1 Teelicht in die Mitte, 7 Teelichter kreisförmig um das mittlere Teelicht verteilen. Dabei darauf achten, dass sich die Teelichter nicht berühren (Brandgefahr!). Um die Teelichter 4 Abstandshalter legen, auf die das Grillrost kommt. Den Bräter auf den Grillrost stellen, genau über die brennenden Kerzen. Zwischen Boden und Topfboden sollte ein Abstand von ca. 5 cm sein. Die Flamme der brennenden Kerze darf den Topfboden nicht berühren, es muss noch ca. 1 cm dazwischen sein.

4 Die Backform in den Bräter stellen und den Deckel aufsetzen. Das Brot ca. 3 Std. backen. Dabei den Deckel so selten wie möglich anheben, um ein Entweichen der Wärme zu vermeiden. Sobald der Teig oben fest ist (der Teig darf nicht am Finder kleben bleiben), die Backform mit einem Küchentuch herausholen, den Ring der Backform kurz entfernen und das Brot wenden. Das Brot liegt nun mit der oberen Seite auf dem Boden der Backform. Den Ring der Backform schließen und die Form zurück in den Bräter stellen. Das Brot von der zweiten Seite in ca. 1 Std. zu Ende backen. Nach dem Backen das Brot aus der Backform lösen und auf einem Gitter auskühlen lassen.

MATKIS MASURISCHES RESTEBROT

Wir sind Spätaussiedler, meine Eltern haben sich noch auf ihrem Bauernhof komplett selbst versorgt. Weggeworfen wurde dort niemals etwas – deshalb steht hier das Resterezept meiner lieben Matki (polnisch für »Mutti«).

Für 1 Brot
Zubereitung: 15 Min.
Gehen: 1 Std. + 30 Min.
Backen: 45 Min.
Pro Scheibe ca. 120 kcal,
19 g KH, 5 g E, 2 g F

600 g Mehlmischung (z. B. Weizen und/oder Dinkel, egal welche Mehltypen, auch Haferflocken, Schmelzflocken …)
50 g Saaten und Körner (nach Belieben)
3 TL Salz
3 TL Trockenhefe
470 g Flüssigkeitsmischung (z. B. Wasser, Buttermilch, Joghurt …)

Außerdem
Backform (2 l)
Leinsamen zum Bestreuen

1 Mehl, Körner und Salz in eine Schüssel geben und gut vermischen. Die Trockenhefe in 50 ml lauwarmem Wasser auflösen und zusammen mit allen weiteren flüssigen Zutaten (420 g) in die Schüssel geben. Mit dem Knethaken gut durchkneten. Die Schüssel abdecken und den Teig mind. 1 Std. an einem warmen Ort gehen lassen, bis er sich in etwa verdoppelt hat.

2 Den Teig noch einmal durchkneten und in eine mit Backpapier ausgelegte Backform geben. Darin den Teig noch einmal ca. 20 Min. gehen lassen, bis er etwas aufgegangen ist. Inzwischen den Backofen auf 200° vorheizen.

3 Das Brot im heißen Ofen (2. Schiene von unten) für ca. 20 Min. backen. Die Temperatur anschließend auf 180° reduzieren und das Brot in ca. 30 Min. fertig backen. Anschließend herausnehmen, aus der Form lösen und auf einem Gitter komplett auskühlen lassen.

Restebrot

In diesem Brot darf wirklich jedes Mehl verarbeitet werden. Aber Achtung: Der Anteil an Roggenmehl darf nicht mehr als 50 g betragen! Neben Mehl kannst du auch Getreideflocken, Getreideschrot und sämtliche Saaten und Körner in den Teig geben. Auch im Kühlschrank darf aufgeräumt werden: Du kannst neben Wasser auch Buttermilch oder Molke verwenden, auch Joghurt und Quarkreste können mit in den Teig (oder von allem etwas). Nur nicht mehr als 470 Gramm Flüssigkeit. Laktosefreie Produkte können selbstverständlich auch verwendet werden.

BLICK INS BRÖTCHEN

BLITZ-BRÖTCHEN

Endlich Sonntagsfrüh leckere ofenfrische Brötchen, für die man nicht Stunden vorher aufstehen muss. Aufstehen, backen, genießen!

Für 12 Brötchen
Zubereitung: 15 Min.
Gehen: (1 Std. +) 20 Min.
Backen: 25 Min.
Pro Brötchen ca. 145 kcal, 30 g KH, 5 g E, 0 g F

500 g Weizenmehl (Type 550)
1½ TL Salz
2 TL Trockenhefe
310 ml Wasser

1 Mehl und Salz gut mischen. Die Trockenhefe in 310 ml warmem Wasser auflösen und sofort auf das Mehl geben. Mit dem Knethaken oder von Hand zu einem glatten Teig verkneten. Der Teig sollte gut 5 Min. geknetet werden, bis er schön elastisch ist. Er darf nicht zu trocken sein, aber auch nicht an den Fingern kleben bleiben. Wer noch etwas Zeit hat, lässt den Teig gehen (das ist aber nicht nötig!): Die Schüssel abdecken und den Teig ca. 1 Std. an einem warmen Ort gehen lassen, bis er sich in etwa verdoppelt hat. Anschließend den Teig mit einer Teigkarte von außen nach innen falten.

2 Den Teig in 12 gleich große Stücke teilen und die Teigstücke zu runden Brötchen formen. Gleichmäßig auf ein mit Backpapier belegtes Backblech legen, mit einem Küchentuch abdecken und ca. 20 Min. gehen lassen.

3 Den Backofen auf 240° vorheizen, dabei eine feuerfeste Schale mit heißem Wasser in den Ofen stellen. Die Brötchen vor dem Backen kreuzweise einschneiden und mit Wasser besprühen (oder einpinseln). Dann sofort in den heißen Ofen (2. Schiene von unten) schieben und ca. 15 Min. bei 240° backen. Dann die Temperatur auf 210° reduzieren und die Brötchen in 10–15 Min. zu Ende backen. Anschließend herausnehmen und vor dem Anschneiden auf einem Gitter auskühlen lassen.

Länger schlafen

Den Teig kannst du auch wunderbar am Vorabend anmischen und über Nacht im Kühlschrank gehen lassen. Verwende dann aber zum Anmischen kaltes Wasser und am nächsten Morgen etwas Mehl, um die Brötchen zu formen.

DINKEL-BUTTER-MILCH-BROT

Einmal backen, lange genießen: Brote mit Buttermilch halten extralange frisch ... wenn sie nicht vorher aufgegessen werden. Denn dank des tollen Aromas sind diese Brote auch noch extralecker!

Für 1 Brot
Zubereitung: 10 Min.
Gehen: 1 Std. + 20 Min.
Backen: 50 Min.
Pro Scheibe ca. 95 kcal,
18 g KH, 4 g E, 1 g F

500 g Dinkelmehl (Type 1050)
1 Msp. Vitamin-C-Pulver (oder
1 EL Apfelessig)
1½ TL Salz
2 TL Trockenhefe
50 ml Wasser
400 ml zimmerwarme Buttermilch

Außerdem
Kastenform (24 cm)

1 Das Mehl mit dem Salz und Vitamin-C-Pulver in eine Schüssel geben und verrühren (falls Apfelessig verwendet wird, dieses erst später mit den anderen Flüssigkeiten dazugeben). Die Trockenhefe in 50 ml warmem Wasser auflösen. Die Buttermilch zusammen mit der Hefemischung zum Mehl geben. Alles mit dem Knethaken gründlich verkneten. Teigreste mit einem Teigspaten vom Rand kratzen und kontrollieren, dass kein Mehl am Boden klebt. Abdecken und für ca. 1 Std. an einem warmen Ort gehen lassen, bis der Teig sich in etwa verdoppelt hat.

2 Den Teig mit einer Teigkarte von außen nach innen falten. Die Kastenform mit Backpapier auslegen, den Teig in die Form füllen und abgedeckt noch einmal ca. 20 Min. gehen lassen, bis er etwas aufgegangen ist.

3 Den Backofen auf 200° vorheizen, dazu eine feuerfeste Schale mit heißem Wasser in den Ofen stellen. Den Teig vor dem Backen mit etwas Wasser bepinseln, dann im heißen Ofen (2. Schiene von unten) ca. 20 Min. backen. Anschließend die Temperatur auf 180° reduzieren und das Brot in ca. 30 Min. zu Ende backen. Das Brot herausnehmen, aus der Form lösen und vor dem Anschneiden auf einem Gitter auskühlen lassen.

Abwechslung

Du kannst das Brot auch mit Weizenmehl (Type 1050) backen. Statt der Buttermilch macht sich auch Molke sehr gut im Brot.

BROT MIT GEPUFFTEM AMARANTH

Amaranth kennen die meisten als Topping fürs Frühstücksmüsli oder über Bowls. Im Brot macht es sich aber mindestens genauso gut!

Für 1 Brot
Zubereitung: 10 Min.
Gehen: 1 Std. + 30 Min.
Backen: 50 Min.
Pro Scheibe ca. 85 kcal,
17 g KH, 3 g E, 1 g F

500 g Weizenmehl (Type 1050)
15 g gepuffter Amaranth
1½ TL Salz
2 TL Trockenhefe
320 ml Wasser

Außerdem
Kastenform (24 cm)

1 Mehl, Amaranth und Salz in einer Schüssel mischen. Die Hefe mit 320 ml lauwarmem Wasser mischen und sofort zur Mehlmischung geben. Alles von Hand oder mit dem Knethaken verkneten. Die Schüssel abgedeckt für ca. 1 Std. an einen warmen Ort stellen, bis sich der Teig in etwa verdoppelt hat.

2 Den Teig mit einer Teigkarte einmal ringsum falten, dabei die Masse vom Schüsselrand von außen nach innen ziehen. Dann in eine mit Backpapier auslegte Backform geben, abdecken und noch einmal für ca. 30 Min. an einen warmen Ort stellen, bis er deutlich aufgegangen ist.

3 Inzwischen den Backofen auf 200° vorheizen, dabei eine feuerfeste Schale mit heißem Wasser in den Ofen stellen. Das Brot im heißen Ofen (2. Schiene von unten) ca. 20 Min. backen, dann die Temperatur auf 180° reduzieren und das Brot in ca. 30 Min. fertig backen. Herausnehmen, aus der Form lösen und auf einem Gitter auskühlen lassen.

BROTE OHNE MEHL

Ein wirklich gutes glutenfreies Brot zu backen ist gar nicht so einfach: Es soll nicht nur wie ein Brot aussehen, vor allem soll es gut schmecken – das ist mein größter Anspruch bei glutenfreien Broten. An manchen Rezepten habe ich wochenlang gearbeitet und so lange herumprobiert, bis selbst meine Kinder keinen Unterschied mehr finden konnten. Lass dich überraschen, wie einfach es sein kann, glutenfrei zu backen …

BROT FÜR »KÖRNERFRESSER«

Dieses Brot hat einen richtig schönen knackigen Biss und kommt, nebenbei gesagt, ganz ohne Mehl und große Ruhezeiten aus. Perfekt also für alle, die kein Gluten vertragen, und für alle Ungeduldigen ...

Für 1 Brot
Zubereitung: 10 Min.
Quellen: 20 Min.
Backen: 1 Std.
Pro Scheibe ca. 135 kcal,
9 g KH, 6 g E, 7 g F

180 g kernige Haferflocken
120 g zarte Haferflocken
200 g Kerne-Mix
100 g geschrotete Leinsamen
30 g Chia-Samen
1½ TL Salz
3 EL Öl
420 ml Wasser

Außerdem
Kastenform (24 cm)

1 Alle trockenen Zutaten in eine Schüssel geben und gut durchmischen. Das Öl mit 420 ml warmem Wasser mischen und auf die trockenen Zutaten geben. Dann alles von Hand durchkneten. Dabei die Zutaten nicht nur mit dem Wasser mischen, sondern wirklich alles gründlich durchkneten.

2 Die Kastenform mit Backpapier auslegen und den Teig hineindrücken. Wichtig ist, dass keine Hohlräume im Teig zurückbleiben, am besten einen Silikonspatel oder Löffel verwenden. Dann die Backform mit einem Küchentuch abdecken und den Teig darin ca. 20 Min. quellen lassen.

3 Inzwischen den Backofen auf 180° vorheizen. Dann das Brot im heißen Backofen (2. Schiene von unten) für 1 Std. backen. Anschließend das Brot aus dem Ofen nehmen und auf ein Gitter stürzen. Das Backpapier entfernen und das Brot komplett auskühlen lassen.

Mix it!

Einen Kerne-Mix gibt es in fast jedem Supermarkt zu kaufen. Er besteht meist aus Sesam, Sonnenblumen-, Kürbis-, Cashew- oder Pinienkernen. Du kannst dir den Mix aber auch selbst zusammenstellen. Nimm dann einfach Kerne, die du gerne magst, oder die Reste aus dem Küchenschrank.

POWERBROT

Wer abends die Kohlenhydrate reduzieren möchte, aber nicht auf leckeres Brot verzichten will, ist hier genau richtig. Dank der Kidneybohnen wird es nämlich besonders saftig.

Für 1 Brot
Zubereitung: 15 Min.
Gehen: 15 Min.
Backen: 55 Min.
Pro Scheibe ca. 55 kcal,
3 g KH, 5 g E, 3 g F

1 Dose Kidneybohnen (255 g Abtropfgewicht)
5 Eier (S)
100 g Magerquark
50 g Leinmehl
30 g geschrotete Leinsamen
30 g Kerne-Mix
20 g Flohsamenschalen
2 TL Backpulver
1 TL Salz

Außerdem
Kerne oder Leinsamen zum Bestreuen

1 Die Kidneybohnen in ein Sieb abgießen und gut abtropfen lassen. Dann zusammen mit den Eiern und dem Quark fein pürieren. Die Masse in eine Schüssel umfüllen und beiseitestellen.

2 Alle trockenen Zutaten gut miteinander vermischen, dann zu den pürierten geben. Alles in der Schüssel von Hand oder mit dem Knethaken gründlich zu einem kompakten Teig verkneten.

3 Den Teig mit einer Teigkarte grob in Form bringen. Dann die Hände leicht anfeuchten und den Teig zu einem länglichen Laib formen. Auf ein mit Backpapier belegtes Backblech legen und mit Kernen bestreuen, diese leicht andrücken. Das Brot ca. 15 Min. quellen lassen.

4 Inzwischen den Backofen auf 180° vorheizen. Das Eiweißbrot anschließend im heißen Ofen (2. Schiene von unten) für ca. 55 Min. backen. Herausnehmen und auf einem Gitter komplett auskühlen lassen.

Laktosefrei

Dieses Brot (wie auch alle anderen Brote mit Quark & Co.) kannst du auch mit laktosefreien Milchprodukten backen.

VEGANES BROT OHNE MEHL

Ein phänomenales Brot – vegan, glutenfrei und ohne Hefe. Trotzdem steht es seinem glutenhaltigen Bruder in nichts nach!

Für 1 Brot
Zubereitung: ca. 10 Min.
Quellen: ca. 20 Min.
Backen: 1 Std. 10 Min.
Pro Scheibe ca. 55 kcal,
8 g KH, 3 g E, 1 g F

20 g Flohsamenschalen
450 ml Wasser
1 EL Apfelessig
100 g Buchweizenvollkornmehl + mehr zum Arbeiten
100 g Vollkornreismehl
100 g Leinsamenmehl
1½ TL Salz
1 TL Weinstein-Backpulver
1 TL Brotgewürz (nach Belieben)

1 Zuerst das Flohsamenschalen-Gel zubereiten: Dafür die Flohsamenschalen in eine Schüssel geben und mit 450 ml warmem Wasser und dem Apfelessig verrühren. Zur Seite stellen und quellen lassen.

2 Inzwischen die Mehlsorten abwiegen und mit Salz, Backpulver und nach Belieben dem Brotgewürz gut vermischen. Die Mischung auf das gelierte Flohsamenschalen-Gel geben und alles mit der Hand verkneten.

3 Etwas Mehl auf die Arbeitsplatte streuen und den Teig darauf zu einem runden oder ovalen Laib formen. Dabei den Laib im Mehl wälzen, damit er nach dem Backen eine schöne Oberfläche bekommt. Auf der Oberfläche können oft ein paar Risse entstehen – das ist ganz normal. Den Laib nun auf ein mit Backpapier ausgelegtes Backblech geben, mit einem Küchentuch abdecken und quellen lassen. Inzwischen den Backofen auf 190° vorheizen.

4 Ist der Ofen aufgeheizt, das Brot im heißen Ofen (2. Schiene von unten) ca. 1 Std. 10 Min. backen. Dann herausnehmen und vor dem Anschneiden auf einem Gitterrost auskühlen lassen.

Bitte Vorsicht!

Das Brot vor dem Backen nicht einschneiden und unbedingt ohne Wasserdampf backen! Und auf keinen Fall mit einem Spieß in das Brot stechen, um zu testen, ob es schon durchgebacken ist. Das Brot könnte sonst einfallen.

PALEO-BROT »CLASSIC JURASSIC«

Nur ein paar Nüsse, Kerne und Saaten, einige Eier zur Bindung ... und fertig ist ein unglaublich leckeres Brot. »Leider« macht es so satt, dass ich meist nur 1 Scheibe schaffe. Dafür hält sich das Brot aber über etliche Tage frisch wie am ersten Tag.

Für 1 Brot
Zubereitung: 10 Min.
Quellen: 20 Min.
Backen: 1 Std.
Ruhen: 10 Min.
Pro Scheibe ca. 210 kcal,
3 g KH, 8 g E, 17 g F

200 g Nüsse (z. B. Pekannuss-, Walnuss-, Haselnusskerne ...)
200 g Saaten (z. B. Sonnenblumen-, Kürbiskerne, Sesam ...)
120 g geschrotete Leinsamen
50 g Chia-Samen
1 TL Salz
5 Eier (S)
60 g Öl

Außerdem
Kastenform (20 cm)
Kürbiskerne zum Bestreuen

1 Die Nüsse mit den Kernen, Leinsamen, Chia-Samen und dem Salz in einer Schüssel vermischen. Die Eier und das Öl dazu geben und alles gründlich mit einem Löffel durchmischen.

2 Die Backform mit Backpapier auslegen und den Teig hineingeben, dann mit einem Teigspatel gut andrücken. Die Oberfläche mit Kürbiskernen bestreuen und diese leicht andrücken. Den Teig abdecken, zur Seite stellen und noch ca. 20 Min. quellen lassen.

3 Inzwischen den Backofen auf 170° vorheizen. Anschließend das Brot im heißen Ofen (2. Schiene von unten) ca. 1 Std. backen, dann noch ca. 10 Min. im ausgeschalteten Backofen lassen. Anschließend herausnehmen, aus der Form lösen und auf einem Gitter auskühlen lassen.

Mach's dir leicht

Für das Rezept kannst du wunderbar eine fertige Nussmischung verwenden. Achte nur darauf, dass sie nicht gewürzt ist und keine Früchte enthält. Für die Saaten kannst du ebenfalls einen fertigen Kerne-Mix verwenden.

Wichtig

Wenn du hier sauber arbeitest, hält sich das Brot über Monate. Das Glas am besten vorher auskochen und so sterilisieren, den Teig mit sauberen Einmal-Handschuhen kneten und einfüllen und darauf achten, dass der Glasrand absolut sauber ist – sonst schließt die Dichtung nicht richtig. Um das Brot noch länger haltbar zu machen, kannst du es zusätzlich einkochen. Dazu das verschlossene Glas in eine mit heißem Wasser gefüllte Auflaufform stellen, dann für ca. 40 Min. bei 130° (bei höheren Temperaturen schmilzt die Gummidichtung) in den Ofen geben. Oder das verschlossene Glas in einen mit Wasser befüllten Topf stellen, das Wasser sollte bis zum oberen Rand des Brotes reichen. Das Wasser langsam erwärmen, bis es siedet – es darf aber nicht sprudeln. Das Brot für 40 Min. einkochen.

KNACKIGES BROT IM GLAS

Hier lohnt es sich, gleich ein paar mehr zu backen: Das Brot im Glas ist nicht nur ein wunderschönes Gastgeschenk, es eignet sich auch hervorragend als Brot auf Vorrat, denn es hält sich etliche Wochen.

Für 1 Brot
Zubereitung: 15 Min.
Quellen: 20 Min.
Backen: 1 Std. 10 Min.
Pro Scheibe ca. 110 kcal,
4 g KH, 5 g E, 8 g F

120 g zarte Haferflocken (oder kernige Haferflocken)
180 g Kerne-Mix
80 g geschrotete Leinsamen
15 g Flohsamenschalen
15 g Chia-Samen
1½ TL Salz
280 ml Wasser
3 EL Öl

Außerdem
850 ml Einmachglas mit Gummidichtung, Deckel und Klammern
Öl für das Glas
Kürbiskerne zum Bestreuen (nach Belieben)

1 Alle trockenen Zutaten in eine Schüssel geben und durchmischen. 280 ml warmes Wasser und das Öl dazu geben, alles kräftig von Hand durchkneten.

2 Den Boden des Einmachglases mit Öl bepinseln. Dann den Teig portionsweise ins Glas füllen und fest andrücken. Darauf achten, dass keine Luftlöcher entstehen. Den Teig von oben nochmal mit einem feuchten Löffel glattstreichen. Wer mag, streut noch ein paar Kürbiskerne obenauf und drückt diese fest an. Dann mit einem sauberen, feuchten Tuch über den Glasrand wischen, sodass kein Teig mehr daran klebt, der Rand sollte absolut sauber sein. Dann den Deckel auflegen und das Brot ca. 20 Min. quellen lassen.

3 Inzwischen den Backofen auf 200° vorheizen. (Achtung: Das Backblech vorher herausnehmen, damit es nicht heiß wird.) Zum Backen den Deckel vom Glas nehmen und das Glas auf das kalte Backblech stellen. Das Blech in den heißen Ofen (2. Schiene von unten) schieben und das Brot ohne Deckel ca. 1 Std. 10 Min. backen.

4 2–3 Min. vor Ende der Backzeit den Glasdeckel und die Gummidichtung in heißes Wasser legen. Dann den Glasdeckel sauber trockenwischen. Das Glas aus dem Ofen holen, die Gummidichtung aus dem Wasser nehmen und auf das Einmachglas legen. Sofort den noch warmen Deckel auflegen und mit 2 Klammern verschließen. Das Glas auf den Kopf drehen und abkühlen lassen (das Kondenswasser tropft so nicht vom Deckel auf das Brot).

5 Nach dem Abkühlen die Klammern entfernen, das Brot ist nun einige Wochen haltbar. Zum Anschneiden das Brot aus dem Glas stürzen.

GLUTENFREIES BROT

Glutenfrei hat oft den Ruf, etwas freudlos zu schmecken ... dieses Brot beweist das Gegenteil! Lass es doch auf einen Versuch ankommen, ob jemand den Unterschied schmeckt.

Für 1 Brot
Zubereitung: 10 Min.
Gehen: 45 Min.
Backen: 1 Std.
Pro Scheibe ca. 70 kcal, 15 g KH, 2 g E, 0 g F

150 g Vollkorn-Reismehl
100 g Vollkorn-Buchweizenmehl
120 g Kartoffelmehl
20 g Tapiokastärke (oder Kartoffelmehl)
2 TL Guarkernmehl
4 EL Flohsamenschalen
1 TL Weinstein-Backpulver
1½ TL Salz
1 Pck. Trockenhefe
400 ml Wasser
1 EL Apfelesig

Außerdem
beschichtete Kastenform (24 cm)

1 Alle trockenen Zutaten bis auf die Hefe in eine Schüssel geben und gründlich miteinander vermischen. Die Hefe in 400 ml Wasser auflösen und sofort auf das Mehl gießen. Den Apfelessig dazugeben, dann alles kurz und gründlich verarbeiten.

2 Die Backform mit Öl auspinseln. Den Teig hineinfüllen, etwas Mehl von oben darüberstreuen und vorsichtig einklopfen. Den Teig abdecken und für ca. 45 Min. gehen lassen, bis er schön aufgegangen ist.

3 Inzwischen den Backofen auf 190° vorheizen. Das Brot anschließend im heißen Ofen (2. Stufe von unten) ca. 1 Std. backen. Dann herausnehmen, aus der Form lösen und auf einem Gitter auskühlen lassen.

Kurz kneten

Glutenfreie Teige bitte nicht zu lange kneten, denn das Teiggerüst ist empfindlicher als bei glutenhaltigen Teigen. Auch zum Gehenlassen darf man diese Teige niemals auf die heiße Heizung stellen!

BRÖTCHEN OHNE MEHL

Sie sehen beinahe aus wie »echte« Brötchen und schmecken auch fast so. Niemals werden deine Gäste darauf kommen, dass die Basis dieser Brötchen dicke weißen Bohnen sind.

Für 8 Brötchen
Zubereitung: 5 Min.
Quellen: 10 Min.
Backen: 50 Min.
Pro Brötchen ca. 55 kcal,
6 g KH, 3 g E, 1 g F

1 Dose weiße Riesenbohnen (Abtropfgewicht 250 g)
2 Eier (S)
12 g Flohsamenschalen
20 g Vollkorn-Buchweizenmehl
2 TL Weinstein-Backpulver
¼ TL Salz

1 Die weißen Bohnen in ein Sieb abgießen und gut abtropfen lassen. Dann zusammen mit den Eiern in einen Mixbecher geben und fein pürieren. Die Masse in eine Schüssel geben.

2 Alle trockenen Zutaten gut vermischen und auf die Bohnenmasse geben. Alles gut miteinander vermischen und ca. 10 Min. quellen lassen.

3 Anschließend die Teigmasse mit feuchten Händen zu 8 gleich großen Kugeln formen. Die Brötchen mit genügend Abstand zueinander auf ein mit Backpapier ausgelegtes Backblech legen.

4 Den Backofen auf 180° vorheizen. Die Brötchen im heißen Ofen (Mitte) in 45–50 Min. goldbraun backen. Dann herausnehmen und vor dem Anschneiden auf einem Gitter vollständig auskühlen lassen.

Aufbewahren

Wenn etwas übrigbleibt, die Brötchen am besten in einer Papiertüte in der Schublade aufbewahren. Dann schmecken sie auch noch am nächsten Tag wie frisch gebacken.

KEIN WEIZENBROT

Es sieht aus wie ein Weizen-Mischbrot, es schmeckt wie ein Weizen-Mischbrot – aber es ist keines! Dieses glutenfreie Brot ist einer meiner Favoriten, weil es dem Vorbild in nichts nachsteht.

Für 1 Brot
Zubereitung: 15 Min.
Quellen: 20 Min.
Gehen: 1 Std. + 45 Min.
Backen: 1 Std.
Pro Scheibe ca. 75 kcal,
15 g KH, 0 g E, 2 g F

2 TL Trockenhefe
20 g Flohsamenschalen
120 g Vollkorn-Buchweizenmehl + mehr zum Arbeiten
120 g Vollkorn-Reismehl
120 g Kartoffelmehl (Kartoffelstärke)
1 TL Salz
420 ml Wasser

Außerdem
Gärkörbchen (22 cm)

1 Trockenhefe und Flohsamenschalen in eine kleine Schüssel geben und mit 420 ml lauwarmem Wasser verrühren. Die Schüssel abdecken, zur Seite stellen und den Teig ca. 20 Min quellen lassen.

2 Vollkorn-Buchweizenmehl, Vollkorn-Reismehl, Kartoffelmehl und Salz in einer Schüssel gründlich miteinander vermischen. Das gequollene Flohsamenschalen-Gel auf den Mehlmix geben und alles gründlich miteinander verkneten. Dann abdecken und ca. 1 Std. gehen lassen.

3 Etwas Mehl auf die Arbeitsplatte streuen und den Teig darauf leicht verkneten. Zu einer Kugel formen und in ein gut bemehltes Gärkörbchen legen, abdecken und ca. 45 Min. gehen lassen (Wer kein Gärkörbchen hat, legt den Teig einfach auf ein mit Backpapier belegtes Backblech).

4 Den Ofen auf 190° vorheizen. Den Teig vorsichtig aus dem Gärkörbchen auf ein mit Backpapier belegtes Backblech stürzen. Im heißen Ofen (Mitte) ca. 60 Min. backen. Dann das Brot aus dem Ofen nehmen und vor dem Anschneiden auf einem Gitter komplett abkühlen lassen.

KETO-MANDEL-BROT

Wer sich ketogen ernährt, muss nach guten Brotrezepten oft eine Weile suchen. Hier kommt eines, das garantiert allen schmeckt – mit leckeren, vollwertigen Zutaten, die man so nicht in einem Brot vermuten würde. Oder?

Für 1 Brot
Zubereitung: 10 Min.
Gehen: 20 Min.
Backen: 1 Std.
Pro Scheibe ca. 155 kcal,
2 g KH, 7 g E, 13 g F

200 g gemahlene Mandeln
160 g Kerne-Mix
60 g geschrotete Leinsamen
50 g Chia-Samen
20 g Tapiokastärke (oder Kartoffelmehl)
1 TL Salz (schwach gehäuft)
120 ml Wasser
3 Eier (M)
3 EL neutrales Öl

Außerdem
Backform (1 l)

1 Alle trockenen Zutaten in eine Schüssel geben und gut miteinander mischen. Wasser, Eier und Öl dazugeben und alles gut vermengen. Die Masse direkt in eine mit Backpapier ausgelegte Backform geben, abdecken und ca. 20 Min. quellen lassen.

2 Inzwischen den Backofen auf 170° vorheizen. Anschließend das Brot im heißen Ofen (2. Schiene von unten) ca. 1 Std. backen. Dann herausnehmen, aus der Form lösen und auf einem Gitter auskühlen lassen.

Was du magst

Wie immer kannst du die Kerne beliebig zusammenstellen. Nimm am besten die Kerne, die du am liebsten magst.

GOLDENES LEINSAMENBROT

Wenn man nicht wüsste, dass dieses Brot vegan und glutenfrei ist, könnte man es glatt beim Bäcker ins Regal stellen. Ich wette, niemand würde den Unterschied bemerken!

Für 1 Brot
Zubereitung: 15 Min.
Quellen: 15 Min.
Backen: 1 Std. 10 Min.
Pro Scheibe ca. 70 kcal,
5 g KH, 5 g E, 3 g F

20 g Flohsamenschalen
400 ml Wasser
1 EL Apfelessig
150 g Leinmehl
150 g Kichererbsenmehl
40 g Sonnenblumenkerne
25 g goldene Leinsamen + mehr zum Bestreuen
5 g Weinstein-Backpulver
1 TL Salz

1 Zuerst das Flohsamenschalen-Gel zubereiten: Dafür die Flohsamenschalen in eine Schüssel geben und mit 400 ml warmem Wasser und dem Apfelessig verrühren. Zur Seite stellen und ca. 15 Min. quellen lassen.

2 Alle trockenen Zutaten gut miteinander vermischen und auf das Flohsamenschalen-Gel geben. Alles am besten von Hand miteinander vermengen. Den Teig dabei nicht kräftig durchkneten, sondern nur so lange bearbeiten, bis alles miteinander vermengt ist. Es entstehen auf der Oberfläche meist mehrere Risse, das ist genau richtig so.

3 Den Teig zu einem Laib formen, auf ein mit Backpapier ausgelegtes Backblech legen und ringsum großzügig goldene Leinsamen aufstreuen. Dann den Teig ca. 15 Min. ruhen lassen.

4 Inzwischen den Backofen auf 190° vorheizen. Dann das Brot im heißen Ofen (2. Schiene von unten) ca. 1 Std. 10 Min. ohne Wasserdampf backen. Nach dem Backen das Brot herausnehmen und das Backpapier vorsichtig entfernen. Vor dem Anschneiden auf einem Gitter auskühlen lassen.

Bitte Vorsicht

Wie bei allen glutenfreien Broten gilt: Das Brot auf keinen Fall mit einem Holzspieß o. ä. einstechen, um den Garzustand zu überprüfen – das Brot könnte sonst einfallen.

MÜSLIBROT

Wusstest du, dass man aus einem gewöhnlichen Frühstücksmüsli in kürzester Zeit ein richtig leckeres und vor allem nahrhaftes Brot backen kann?

Für 1 Brot
Zubereitung: 10 Min.
Quellen: 20 Min. + 10 Min.
Backen: 1 Std. 10 Min.
Pro Scheibe ca. 110 kcal, 17 g KH, 3 g E, 3 g F

500 g Frühstücksmüsli-Mischung (mit Rosinen und Früchten) + mehr zum Bestreuen
15 g Chia-Samen
15 g Flohsamenschalen
1 ½ TL Salz
350 ml Wasser

1 Alle trockenen Zutaten in einer Schüssel gut durchmischen. 350 ml handwarmes Wasser dazugeben und kräftig durchkneten. Es reicht nicht, alles zu vermischen, es muss wirklich kräftig geknetet werden. Dann die Masse zu einem Laib formen, abdecken und ca. 20 Min. quellen lassen.

2 Ein Backblech mit Backpapier auslegen, ein paar Müsliflocken auf das Papier streuen, den geformten Laib auf die Flocken legen. Den Laib auch von oben mit etwas Müsli bestreuen und dieses gut andrücken. Das Brot noch einen Moment quellen lassen.

3 Inzwischen Backofen auf 180° vorheizen. Anschließend das Brot im heißen Ofen (2. Schiene von unten) ca. 1 Std. 10 Min. backen. Dann herausnehmen und auf einem Gitter komplett auskühlen lassen.

Ohne Frucht

Du kannst das Brot auch mit einem Körner-Müsli ohne Früchte backen. Nimm dafür am besten eine 5-Korn-Mischung. Weil darin mehr Getreideflocken enthalten sind, benötigst du dann 450 ml Wasser auf 500 g Müsli.

FRISS-DICH-GESUND-BROT

Gesünder und sättigender könnte ein Brot kaum sein. Hier gibt es wertvolle Mineralstoffe, Proteine und Vitamine satt – da kann man wirklich nur sagen: (Fr)iss dich gesund!

Für 1 Brot
Zubereitung: 10 Min.
Quellen: 20 Min.
Backen: 60 Min.
Ruhen: 10 Min.
Pro Scheibe ca. 150 kcal,
4 g KH, 6 g E, 11 g F

300 g Kerne-Saaten-Mix + mehr zum Bestreuen
100 g geschrotete Leinsamen
50 g Vollkorn-Buchweizenmehl
40 g Erdmandelmehl
20 g Chia-Samen
20 g Flohsamenschalen
1½ TL Salz
300 ml Wasser
3 EL Öl

1 Alle trockenen Zutaten in einer Schüssel gut miteinander vermischen. 300 ml Wasser und das Öl dazugeben und alles kräftig von Hand durchkneten. Den Teig zu einem Laib formen und auf ein mit Backpapier belegtes Backblech legen. Das Brot mit ein paar Körnern bestreuen und diese leicht andrücken. Gut abdecken und ca. 20 Min. quellen lassen.

2 Inzwischen den Backofen auf 190° vorheizen. Anschließend das Brot im heißen Ofen (2. Schiene von unten) ca. 1 Std. backen. Dann das Brot noch für ca. 10 Min. im ausgeschalteten Ofen stehen lassen. Herausnehmen und auf einem Gitter auskühlen lassen – vor dem Anschneiden sollte das Brot komplett ausgekühlt sein!

LINSENBROT

Linsen im Brot? Das ist vielleicht etwas ungewöhnlich, aber das Brot erhält durch die roten Linsen nicht nur eine wunderschöne Farbe, sie geben auch einen tollen, einzigartigen Geschmack.

Für 1 Brot
Zubereitung: 15 Min.
Quellen: 15 Min.
Backen: 1 Std.
Pro Scheibe ca. 65 kcal,
12 g KH, 3 g E, 0 g F

20 g Flohsamenschalen
450 ml Wasser
1 EL Apfelessig
150 g Rote-Linsen-Mehl
100 g Reismehl
50 g Vollkorn-Buchweizenmehl
50 g Kartoffelmehl
15 g Quinoa
2 TL Weinstein-Backpulver
1 TL Salz

1 Zuerst Flohsamenschalen-Gel zubereiten: Dafür die Flohsamenschalen in eine Schüssel geben und mit 400 ml warmem Wasser und dem Apfelessig verrühren. Zur Seite stellen und ca. 15 Min. quellen lassen.

2 Inzwischen alle trockenen Zutaten in einer zweiten Schale gut vermischen. Die übrigen 50 ml Wasser zum Flohsamenschalen-Wasser-Mix geben und mit einem Schneebesen verrühren. Nun die trockenen Zutaten auf das Flohsamenschalen-Gel geben und gut verkneten. Mit einer Teigkarte zusammenschieben und den Teig auf ein mit Backpapier belegtes Backblech legen. Den Teig von Hand zu einem länglichen Laib formen und zur Seite stellen.

3 Inzwischen den Backofen auf 190° vorheizen. Anschließend das Brot im heißen Ofen (2. Schiene von unten) ca. 1 Std. backen. Dann herausnehmen, vorsichtig auf ein Gitter legen und vor dem Anschneiden auskühlen lassen.

Linsenmehl

Rote-Linsen-Mehl gibt es leider nicht überall. Dann kannst du einfach rote Linsen in einer Getreidemühle, der Küchenmaschine oder im Mixer fein mahlen und es so selbst herstellen.

60-SEKUNDEN-BROT

Wenn es mal richtig schnell gehen muss – und ich meine wirklich schnell! – dann solltest du dieses Brot unbedingt probieren. Ganz wenige Zutaten kurz verrühren und für 60 Sekunden in die Mikrowelle – fertig!

Für 1 Brot
Zubereitung: 5 Min.
Backen: 60 Sek.
Pro Scheibe ca. 65 kcal,
0 g KH, 26 g E, 39 g F

50 g gemahlene Mandeln
5 g Chia-Samen
1 TL Weinstein-Backpulver
1 Prise Salz
1 Ei (S)

Außerdem
1 große Tasse (300 ml)
Öl für die Tasse

1 Alle trockenen Zutaten grob miteinander vermischen. Das Ei dazugeben und alles gut miteinander verrühren. Der Teig sollte eine breiige Konsistenz haben, die nicht zu weich ist.

2 Die Tasse von innen mit Öl auspinseln. Den Teig einfüllen, leicht andrücken und oben etwas glattstreichen.

3 Die Tasse in die Mikrowelle stellen und bei 800 Watt für 60 Sek. backen. Dann das Brot herausnehmen und aus der Tasse stürzen – wenn es sich nicht von selbst löst, mit einem Messer einmal ringsum am Rand nachhelfen. Das Brot auf einem Gitter kurz auskühlen lassen. Dann rasch in Scheiben schneiden und zügig servieren.

Gut zu wissen

Am schönsten wird das Brot, wenn du gemahlene Mandeln mit Schale nimmst. Dadurch erhält es eine tolle Optik. Mit blanchierten Mandeln funktioniert das Rezept genauso, das Brot wird nur etwas blasser. Wenn du nur ein mittelgroßes Ei hast, dann verrühre es mit 60 g gemahlenen Mandeln. Wichtig: Sollte deine Mikrowelle eine andere Wattzahl haben, dann braucht das Brot dementsprechend mehr oder weniger Zeit – wenn das Brot innen noch matschig ist, war die Zeit zu kurz, ist es zu trocken, dann war es zu lange im Ofen. Es sollte eine zarte weiche Konsistenz haben, dann ist es genau richtig. Eventuell musst du für deine Mikrowelle die Backzeit etwas anpassen – einfach ausprobieren.

HAREIKITA-BROT

Komischer Name für ein Brot? Hafermehl, Reismehl, Kichererbsenmehl und Tapioka abwiegen, mischen und backen – so schnell und einfach hast du Hareikita, ist doch ganz klar!

Für 1 Brot
Zubereitung: 10 Min.
Quellen: 15 Min.
Backen: 1 Std. 10 Min.
Pro Scheibe ca. 90 kcal,
14 g KH, 3 g E, 2 g F

25 g Flohsamenschalen
480 ml Wasser
150 Reismehl
110 g Hafermehl
110 g Kichererbsenmehl
30 g Tapiokastärke (oder Kartoffelmehl)
2 TL Weinstein-Backpulver
40 g Sonnenblumenkerne + mehr zum Bestreuen
1 TL Salz

1 Die Flohsamenschalen in einer Schüssel mit 480 ml warmem Wasser verrühren und ca. 20 Min. quellen lassen. Die restlichen Zutaten in eine weitere Schüssel füllen und gut vermischen. Anschließend die vermischten Zutaten auf die gequollenen Flohsamenschalen geben und gründlich von Hand verkneten. Es entsteht kein glatter Teig, er ist eher rissig und trocken.

2 Ein Backblech mit Backpapier auslegen, den Teig daraufgeben und mit den Händen zu einem ovalen Laib formen. Die Oberfläche mit Sonnenblumenkernen bestreuen und diese leicht andrücken. Den Teig mit einem Küchentuch abdecken, inzwischen den Backofen auf 190° vorheizen.

3 Anschließend das Brot im heißen Ofen (2. Schiene von unten) ca. 1 Std. 10 Min. backen. Dann herausnehmen und vor dem Anschneiden auf einem Gitter komplett auskühlen lassen.

BROT AUS DEM BRATSCHLAUCH

Ich präsentiere: die wohl sauberste Art, ein Brot zu backen! Der Teig wird im Bratschlauch geknetet und anschließend auch darin gebacken – es braucht weder Schüssel noch Backform!

Für 1 Brot
Zubereitung: 10 Min.
Quellen: 30 Min.
Backen: 70 Min.
Ruhen: 5 Min.
Pro Scheibe ca. 105 kcal, 15 g KH, 3 g E, 3 g F

500 g 5-Korn-Müsli
20 g Chia-Samen
20 g Flohsamenschalen
1½ TL Salz
3 EL Öl
450 ml Wasser

Außerdem
Bratbeutel

1 Alle trockenen Zutaten in den Bratbeutel füllen. Die obere Öffnung zuhalten und den Beutel gut durchschütteln, sodass sich alle Zutaten miteinander mischen. Dann das Öl und 450 ml lauwarmes Wasser dazugeben und alles von Hand kräftig durchkneten, dazu mit der Hand in die Tüte gehen. Dann mit Hilfe der Tüte den Teig zu einem länglichen Laib formen, dazu diesen von außen einfach mit den Händen zusammenpressen und formen. Den Bratbeutel mit der beiliegenden Klammer verschließen und das Brot für 20–30 Min. quellen lassen.

2 Inzwischen, den Backofen auf 190° vorheizen. Den Bratbeutel samt Brot vorsichtig aufs Backblech legen und im heißen Ofen (unten) ca. 1 Std. 10 Min. backen – dabei unbedingt darauf achten, dass die Folie im Ofen nicht die oberen Heizstäbe berührt!

3 Nach dem Backen das Brot samt Beutel auf ein Gitter legen. Dann den Beutel vorsichtig aufschneiden (Vorsicht, heißer Dampf!), das Brot herausnehmen und auf einem Gitter komplett auskühlen lassen.

Backen im Schlauch

Am besten eignet sich für dieses Brot ein 5-Korn-Müsli, also ein Müsli mit Körnern und Saaten. Achte darauf, dass dein Müsli ohne Zuckerzusatz ist. Benutze für dieses Rezept nur einen zum Backen geeigneten Bratbeutel (am besten mit nur 1 Öffnung). Dieser ist hitzebeständig, ohne Weichmacher und extra geprüft.

HAFERFLOCKEN-QUINOA-BROT

Brote mit Haferflocken sind meist etwas kompakter. Dieses hier bleibt trotzdem erstaunlich weich und schön feucht.

Für 1 Brot
Zubereitung: 15 Min.
Quellen: 15 Min.
Backen: 1 Std.
Pro Scheibe ca. 55 kcal, 7 g KH, 2 g E, 2 g F

200 g zarte Haferflocken + mehr zum Arbeiten
30 g geschrotete Leinsamen
20 g Flohsamenschalen
25 g Sonnenblumenkerne
20 g bunte Quinoa
2 TL Weinstein-Backpulver
1 TL Salz
1 Ei (M)
250 ml Wasser

Außerdem
Kastenform (25 cm)

1 Die Haferflocken in einer Getreidemühle oder einem Mixer fein mahlen. Dann zusammen mit den restlichen trockenen Zutaten in einer Schüssel vermischen. Ei und Wasser dazugeben und alles mit dem Knethaken gut vermengen. Anschließend den Teig ca. 15 Min. quellen lassen.

2 Den Boden der Backform mit Haferflocken ausstreuen. Den Teig in die Backform füllen und mit einem Teigspatel glattstreichen. Den Teig oben mit Haferflocken bestreuen und diese leicht andrücken.

3 Den Backofen auf 180° vorheizen. Anschließend das Brot im heißen Ofen (2. Schiene von unten) ca. 1 Std. backen. Herausnehmen, aus der Form lösen und vor dem Anschneiden auf einem Gitter auskühlen lassen.

Keine Mühle?

Wenn du keine Möglichkeit hast, deine Haferflocken zu mahlen, kannst du auch einfach Hafermehl nehmen.

GLUTENFREIER HEFESTUTEN

Schlemmen ohne Abstriche ... dieser süße Stuten unterscheidet sich kaum von seinem glutenhaltigen Bruder. Süß, weich, saftig, lecker – ganz genau so, wie er sein muss!

Für 1 Brot
Zubereitung: 10 Min.
Gehen: 1 Std.
Backen: 40 Min.
Pro Scheibe ca. 105 kcal,
19 g KH, 1 g E, 3 g F

350 g glutenfreier Mehlmix (hell)
60 g Zucker
230 ml Milch (oder Pflanzendrink) + mehr zum Bestreichen
2 TL Trockenhefe
40 g Butter (oder Öl)
1 Ei (M)

Außerdem
Kastenform (25 cm)

1 Den Mehlmix mit dem Zucker in einer Schüssel mischen. Die Milch leicht erwärmen und die Trockenhefe darin auflösen und die Butter darin schmelzen. Dann die Butter-Milch mit dem Ei zum Mehl geben. Alle Zutaten mit dem Knethaken kurz, aber gründlich zu einem glatten Teig vermengen.

2 Die Kastenform mit Backpapier auslegen, den Teig mit einem Teigschaber einfüllen und glattstreichen. Die Form abdecken und den Teig für ca. 1 Std. an einen warmen Ort stellen, bis er sich in etwa verdoppelt hat.

3 Den Backofen auf 180° vorheizen. Den Stuten mit Milch bestreichen, dann im heißen Ofen (Mitte) 35–40 Min. goldbraun backen. Anschließend herausnehmen, aus der Form lösen und auf einem Gitter auskühlen lassen. Der Stuten fühlt sich nach dem Backen noch sehr weich an – genau so muss es sein, damit er abgekühlt schön weich und saftig ist.

Starker Halt

Füge zu den trockenen Zutaten noch 2 TL Guarkernmehl hinzu. Das Brot erhält dadurch eine noch bessere Konsistenz. Du findest es in jedem Biomarkt und Reformhaus. Falls du das Brot vegan backen willst, kannst du das Ei dann auch weglassen.

KOMET
ROSTFREI

BLICK INS BROT

LOW-CARB-BRÖTCHEN

Kannst du dir vorstellen, dass diese Brötchen ohne Mehl genauso gut schmecken wie Brötchen aus Getreide? Auch optisch sind sie kaum zu unterscheiden. Der einzige Unterschied: Sie sind auch nach ein paar Tagen noch genauso lecker wie am ersten Tag.

Für 8 Brötchen
Zubereitung: 10 Min.
Quellen: 15 Min.
Backen: 40 Min.
Pro Stück ca. 205 kcal,
3 g KH, 11 g E, 16 g F

200 g gemahlene Mandeln
22 g Flohsamenschalen
2 TL Weinstein-Backpulver
¼ TL Salz
150 g Quark
2 Eier (M)

1 Alle trockenen Zutaten gut miteinander vermischen. Den Quark mit den Eiern verrühren und auf die trockenen Zutaten geben. Alles mit einem Teigspatel gründlich vermischen und die Masse zu einer Kugel formen. Diese abdecken und mind. 15 Min. quellen lassen.

2 Die Hände leicht anfeuchten und aus dem Teig 8 ovale Brötchen formen. Diese auf ein mit Backpapier belegtes Backblech legen und die Brötchen oben mit einem scharfen Messer einmal einschneiden.

3 Den Backofen auf 180° vorheizen. Anschließend die Brötchen im heißen Ofen (2. Schiene von unten) in ca. 40 Min. goldbraun backen. Dann herausnehmen und auf einem Gitter auskühlen lassen.

Brot statt Brötchen

Der Teig eignet sich auch perfekt, um daraus ein kleines Brot zu backen. Die Backzeit verlängert sich dabei um ca. 15 Min.

LEINSAMENBROT

Manchmal ist es gar nicht so leicht, ein glutenfreies Brot zu finden, dass auch noch gut schmeckt. Da helfe ich gerne: Dieses Brot ist so lecker, dass es auch von vielen ohne Glutenunverträglichkeit gebacken wird.

Für 1 Brot
Zubereitung: 10 Min.
Quellen: 15 Min. + 10 Min.
Backen: 50 Min.
Pro Scheibe ca. 65 kcal,
1 g KH, 4 g E, 4 g F

60 g Leinsamen
60 g geschrotete Leinsamen
40 g Sonnenblumenkerne
25 g Chia-Samen
25 g Flohsamenschalen
2 TL Weinsteinbackpulver
¼ TL Salz
150 g Pflanzendrink (auf Hafer-, Mandel- oder Kokosbasis)
3 Eier (M)

1 Die trockenen und nassen Zutaten jeweils separat miteinander mischen. Dann alles in einer Schüssel zusammengeben und mit einem Teigspatel gut miteinander verrühren. Die Masse zu einer Kugel formen, diese abdecken und ca. 15 Min. quellen lassen.

2 Die Hände etwas anfeuchten und den Teig zu einem länglichen Laib formen. Auf ein mit Backpapier belegtes Backblech legen und den Laib mit einem Messer der Länge nach einschneiden. Anschließend den Teig noch einmal ca. 10 Min. quellen lassen.

3 Inzwischen den Backofen auf 180° vorheizen. Anschließend das Brot im heißen Ofen (2. Schiene von unten) für ca. 50 Min. backen. Herausnehmen und auf einem Gitter auskühlen lassen.

LOW-CARB-HAFER-FLOCKEN-BROT

Lange habe ich mich gesträubt, Brote aus Quark und Eiern zu backen. Sie haben mir einfach nicht geschmeckt … bis ich mein erstes eigenes Rezept kreiert habe und vollkommen überrascht war! So zart, saftig und locker-fluffig hatte ich es wirklich nicht erwartet.

Für 1 Brot
Zubereitung: 10 Min.
Quellen: 15 Min.
Backen: 50 Min.
Pro Scheibe ca. 80 kcal,
4 g KH, 5 g E, 4 g F

100 g zarte Haferflocken
50 g geschrotete Leinsamen
50 g Kerne-Saaten-Mix (z. B. Sonnenblumen- und Kürbiskerne)
22 g Flohsamenschalen
15 g Chia-Samen
2 TL Weinstein-Backpulver
1 TL Salz
200 g Quark
4 Eier (M)

1 In einer Schüssel alle trockenen Zutaten gut miteinander mischen. Den Quark mit den Eiern verrühren. Dann alle Zutaten in einer Schüssel gründlich von Hand verkneten. Abdecken und für ca. 15 Min. quellen lassen.

2 Ein Backblech mit Backpapier belegen und den Teig daraufgeben, mit angefeuchteten Händen zu einem länglichen Laib formen. Den Laib oben mit einem Messer einmal längs einschneiden.

3 Den Backofen auf 180° vorheizen. Anschließend das Brot im heißen Ofen (2. Schiene von unten) ca. 50 Min. backen. Dann das Brot herausnehmen und vor dem Anschneiden auf einem Gitter auskühlen lassen.

Kleine Dinger

Du kannst den Teig auch zu 8 kleinen Brötchen formen. Sie müssen dann nur 45–40 Min. backen.

HIRSEFLOCKEN-BROT

Fertige Mehlmixe sind richtig praktisch und schmecken ziemlich gut. Wenn man sie dann noch mit einem nahrhaften Pseudogetreide aufpeppt, ergibt das nicht nur leckeres, sondern auch gesundes Brot.

Für 1 Brot
Zubereitung: 10 Min.
Gehen: 40 Min.
Backen: 50 Min.
Pro Scheibe ca. 105 kcal, 24 g KH, 1 g E, 1 g F

500 g glutenfreier Mehlmix (hell)
60 g Hirseflocken
2 TL Trockenhefe
1½ TL Salz
480 ml Wasser
1 EL Öl

Außerdem
beschichtete Backform (2 l)

1 Das Mehl mit den Hirseflocken und dem Salz vermischen. Die Trockenhefe in 480 ml lauwarmem Wasser auflösen und sofort zum Mehl geben. Das Öl dazugeben und alle Zutaten mit dem Knethaken gut vermengen. Mehlreste mit einem Teigspatel von Rand und Boden lösen und unterkneten.

2 Den Teig nach dem Kneten sofort in eine beschichtete Backform geben. Die Backform gut abdecken und den Teig an einem warmen Ort ca. 40 Min. gehen lassen, bis er sich in etwa verdoppelt hat.

3 Den Backofen auf 220° vorheizen. Anschließend das Brot im heißen Ofen (2. Schiene von unten) ca. 45–50 Min. backen, dabei nach ca. 20 Min. die Temperatur auf 200° reduzieren. Herausnehmen, aus der Form lösen und auf einem Gitter komplett auskühlen lassen. Nach dem Backen fühlt sich das Brot weich an, es wird nach dem Abkühlen fester.

BROTE AUS PFANNE UND TOPF

Heute bleibt der Ofen aus – und trotzdem gibt's ein frisches Brot!! Brat-Backen heißt hier mein Geheimnis und Erfolgsrezept: Also hole Pfanne oder Topf raus und siehe, nein schmecke selbst, wie großartig und gleichzeitig simpel diese Methode ist! Was für diese Methode außerdem spricht? Das Vorheizen entfällt komplett – beim Brat-Backen sparst du also auch noch kräftig Energie!

WAS DU FÜRS BRAT-BACKEN WISSEN MUSST

BACKEN IN TOPF ODER PFANNE

Um Brote auf der Herdplatte zu backen, braucht man unbedingt beschichtete Töpfe und Pfannen. Für Brote im Kochtopf wird ein beschichteter Topf mit einem Durchmesser von 20 cm benötigt. Der Topf darf nicht konisch geformt sein, da das Brot im Topf gewendet wird und sonst nicht mehr hineinpassen würde. Für Brote in der Pfanne eignen sich Pfannen mit einem möglichst hohen Rand und einem Durchmesser von mind. 24 cm. Je nachdem, welches Brot gebacken wird, eignet sich auch erst einmal eine große Pfanne von 28 cm Durchmesser. Der Teig wird grundsätzlich in den kalten trockenen Topf gelegt. Der Boden muss nicht eingeölt werden.

BITTE MIT DECKEL

Als Deckel eignen sich am besten gewölbte Glasdeckel, passend zu Topf oder Pfanne. So hat der Teig mehr Platz nach oben, vor allem aber kann man durch den Deckel sehen, wie weit das Brot ist. Natürlich kann man aber auch den Originaldeckel vom dazugehörigen Topf benutzen.

WORAUF ES ANKOMMT

Jeder Topf und jede Pfanne leitet Wärme unterschiedlich. Auch jedes Ceranfeld und jede Herdplatte kann eine unterschiedliche Temperatur entwickeln. Grundsätzlich werden Brote im Topf und der Pfanne immer bei mittlerer Temperatur gebacken. Das heißt bei 3 Stufen wäre es Stufe 1,5, bei 9 Stufen Stufe 4,5. Sollte es keine Zwischenstufe geben, besser erst mal die niedrigere Stufe wählen. Trotzdem kann es vorkommen, dass die mittlere Stufe zu stark oder zu schwach ist. Das muss man einfach ausprobieren, mit etwas Übung werden die Brote immer besser (und auf die Minute gar). Um Brot auf einem Gasherd zu backen, sollte man zunächst einen Flammenverteiler auf die Flamme legen und die Temperatur auf kleinste Stufe stellen. Der Topf wird dann auf den Flammenverteiler gestellt und das Brot wie im Rezept beschrieben zubereitet.

DAS PFANNENBROT

Dieses Brot ist etwas ganz Besonderes: Es ist mein erstes Brot, das ich in der Pfanne gebacken habe. Ideal also für alle Einsteiger, die sich an das Pfannenbacken erst herantasten wollen.

Für 1 Brot
Zubereitung: ca. 10 Min.
Gehen: 1 Std. + 30 Min.
Backen: 1 Std.
Pro Scheibe ca. 90 kcal,
18 g KH, 3 g E, 1 g F

500 g Weizenmehl (Type 550)
+ mehr zum Arbeiten
1½ Salz
2 TL Trockenhefe
280 ml Wasser
1 EL Öl

Außerdem
beschichtete Pfanne (28 cm ∅)
passender Deckel (6–8 cm hoch)

1 Das Mehl mit dem Salz in einer Schüssel mischen. Die Trockenhefe in 270 ml lauwarmes Wasser einrühren und sofort auf das Mehl geben. Alles von Hand verkneten – nicht wundern, der Teig ist ziemlich trocken. Die Masse zuerst in der Schüssel, dann am besten noch einmal kurz auf der Arbeitsplatte durchkneten. Anschließend den Teig zu einer Kugel formen und zurück in die Schüssel legen. 1 TL Öl auf den Handflächen verteilen und die Teigkugel damit einreiben. Die Schüssel abdecken und für ca. 1 Std. an einen warmen Ort stellen, bis sich der Teig in etwa verdoppelt hat.

2 Den Teig auf die bemehlte Arbeitsfläche legen und etwas auseinanderziehen, dann einmal ringsum von außen nach innen falten, dafür den Teig vom Rand hochnehmen und zur Mitte drücken. Den Vorgang noch einmal wiederholen, dann den Teig zu einer Kugel formen. Er sollte jetzt nicht an den Fingern oder der Arbeitsplatte kleben bleiben. Falls doch, noch etwas mehr Mehl unter den Teig kneten und dann zu einer Kugel formen.

3 Eine beschichtete Pfanne auf die Arbeitsplatte stellen. Die Teigkugel nun in die trockene, kalte Pfanne legen. Den Deckel auflegen und den Teig noch einmal ca. 30 Min. gehen lassen.

4 Dann die Herdplatte auf mittlere Temperatur stellen (z. B. Stufe 4,5 von 9, Stufe 1,5 von 3) und den Teig mit geschlossenem Deckel so lange durchbacken, bis die Oberfläche trocken ist und nicht mehr am Finger kleben bleibt. Das dauert ca. 40 Min.. Kondenswasser am Deckel gegen Ende hin einfach mit einem Tuch wegwischen. Sobald die Oberfläche trocken ist, das Brot mit einem Pfannenwender vorsichtig umdrehen. Den Deckel wieder auflegen und das Brot von der zweiten Seite in ca. 15–20 Min. zu Ende backen. Wichtig: Das Brot nur einmal wenden, nicht mehrfach.

5 Ist die zweite Seite knusprig und goldbraun durchgebacken, das Brot herausnehmen und auf einem Gitter auskühlen lassen. Wer das Brot etwas dunkler möchte, kann die Temperatur am Ende noch 1 Stufe höher stellen und das Brot pro Seite noch ca. 5 Min. dunkler backen.

Übung ...

Ist das Brot nach dem ersten Wenden sehr dunkel, dann war die Temperatur zu hoch. Beim nächsten Mal dann eine Stufe kleiner wählen. Ist das Brot dagegen zu hell, wähle beim nächsten Mal eine Stufe höher. Das Brot sollte nach dem Backen appetitlich goldbraun sein. Ein Video zum Rezept findest du auf meinem YouTube-Kanal unter »Ein Brot in der Pfanne backen«.

10-MINUTEN-BRÖTCHEN

Was gibt es besseres, als den Sonntagmorgen mit selbstgebackenen Brötchen zu beginnen? Diese hier sind in 10 Minuten gebacken – da steht dem spontanen Brunch wirklich nichts mehr im Wege!

Für 12 Brötchen
Zubereitung: 10 Min.
Backen: 10 Min.
Pro Stücl ca. 95 kcal,
19 g KH, 3 g E, 1 g F

300 g Weizenmehl (Type 550)
½ TL Salz
2 TL Backpulver
180 ml Milch

Außerdem
runde Ausstechform (8 cm ∅)
beschichtete Pfanne mit Deckel (28 cm ∅)
weiche Butter zum Bestreichen

1 Das Mehl mit Salz und Backpulver vermischen. Die Milch leicht erwärmen und auf das Mehl gießen. Alles gründlich miteinander mischen und von Hand oder mit dem Knethaken kurz kneten. Der Teig darf nach dem Kneten nicht klebrig sein, er sollte weder an den Fingern noch an der Arbeitsplatte kleben bleiben – sonst noch ein bisschen Mehl unterkneten.

2 Den Teig 1 cm dick ausrollen. Mit der Ausstechform die Brötchen ausstechen und diese mit einer Teigkarte von der Arbeitsplatte lösen.

3 Die Pfanne auf mittlerer Stufe erhitzen (z. B. Stufe 4,5 von 9, Stufe 1,5 von 3). Dann die Brötchen hineinlegen und mit geschlossenem Deckel von jeder Seite ca. 5 Min. backen, bis sie goldbraun sind (das kann durchaus auch etwas schneller gehen oder länger dauern). Falls die Brötchen zu schnell dunkel werden, die Hitze reduzieren.

4 Die fertigen Brötchen aus der Pfanne nehmen und nach dem Backen sofort mit Butter bestreichen, sie bekommen dadurch einen schönen Glanz. Dann kurz auskühlen lassen oder sofort genießen.

Zum Ausstechen

Am besten eignen sich runde Ausstechformen, wie man sie vom Plätzchenbacken kennt. Sie gibt es in jeder Größe zu kaufen. Du kannst aber auch einfach einen Plastikbecher nehmen.

HAFERFLOCKEN-BROCKEN

Das hier ist eines meiner absoluten Lieblingsbrote. Durch das Backen in der Pfanne bekommt es einen sehr besonderen Geschmack und vor allem eine ganz andere Konsistenz als im Ofen gebacken.

Für 1 Brot
Zubereitung: 15 Min.
Quellen: 30 Min.
Backen: 1 Std. 10 Min.
Pro Scheibe ca. 160 kcal, 6 g KH, 7 g E, 15 g F

500 g Haferflocken
130 g Kerne-Saaten-Mix
60 g geschrotete Leinsamen
20 g Chia-Samen
20 g Flohsamenschalen
2 TL Salz
600 ml Wasser
2 EL Öl

Außerdem
beschichtete Pfanne (28 cm ∅)
passender Deckel (6–8 cm hoch)

1 Alle trockenen Zutaten in eine Schüssel geben und gründlich durchmischen. 600 ml warmes Wasser und das Öl dazugeben, alles ordentlich durchkneten – es ist wichtig, die Masse nicht einfach nur zu mischen, sondern richtig durchzukneten. Dann den Teig gut zusammendrücken und zu einem länglichen Laib formen. Der Teig sollte so geformt werden, dass er oben und unten möglichst gerade ist. Das geformte Brot in die Pfanne legen, den Deckel auflegen und 20–30 Min. quellen lassen.

2 Den Topf samt Deckel auf die Herdplatte stellen und das Brot bei mittlerer Temperatur (z. B. Stufe 4,5 von 9, Stufe 1,5 von 3) ca. 50 Min. backen. Das Brot vorsichtig wenden und von der anderen Seite für ca. 20 Min. backen. Falls nötig, das Kondenswasser mit einem Tuch vom Deckel wischen.

3 Das Brot ist fertig, wenn es eine goldbraune knusprige Oberfläche hat. Ist die Oberfläche noch zu hell, die Temperatur erhöhen und das Brot ca. 10 Min. pro Seite weiterbacken. Dann das Brot aus dem Ofen nehmen und vor dem Anschneiden auf einem Gitter auskühlen lassen.

Bestes Brot

Am besten lässt sich das Brot formen, wenn man es dazu in Frischhaltefolie wickelt – dann kann man es auch direkt in der Folie quellen lassen. Vor dem Backen den Laib aus der Folie nehmen und in die trockene, kalte Pfanne legen.

BALLONBROT

Ballonbrote sind ein echter Hingucker und die Zubereitung eine kleine Sensation. Ich finde es einfach faszinierend, wie sich der dünne Teigfladen in der Pfanne zu einem großen, prallen Ballon dehnt. Und dann schmecken sie auch noch unglaublich zart und so lecker.

Für 8 Ballonbrote
Zubereitung: 20 Min.
Backen: 2 Min.
Pro Ballonbrot ca. 350 kcal,
27 g KH, 4 g E, 25 g F

300 g Mehl (Type 405 oder 550)
½ TL Salz
160 ml sehr warmes Wasser

Außerdem
hohe Wokpfanne (32 cm ∅, oder breiter Topf)
500 ml neutrales Öl

1 Das Mehl mit dem Salz mischen und mit 160 ml sehr warmem Wasser gründlich verkneten, sodass ein glatter Teig entsteht. Diesen zu einer Kugel formen und mit einer Teigkarte in 8 gleich große Stücke teilen, diese wieder zu kleinen Kugeln formen und mit einem Nudelholz nacheinander ca. 1 mm dünn und so rund wie möglich ausrollen. Die Teigfladen sollten ca. einen Durchmesser von 15–18 cm haben. Der Teig sollte trocken genug sein, sodass kein weiteres Mehl zum Ausrollen benötigt wird.

2 Eine Wokpfanne mit Öl befüllen und stark erhitzen. Wenn das Öl richtig heiß ist, den ersten Teigfladen vorsichtig hineinlegen. Mit einem großen Kochlöffel permanent heißes Öl aus der Pfanne über den Fladen laufen lassen – nach ca. 10 Sek. sollte der Ballon vollständig aufgegangen sein. Dann den Ballon mit dem Kochlöffel drehen und nochmal ca. 3–4 Sek. braten. Das fertige Brot herausnehmen und vorsichtig auf Küchenpapier legen.

3 Auf diese Weise nacheinander die restlichen Fladen zubereiten und das Ballonbrot so schnell wie möglich servieren. Es schmeckt hervorragend zu leckeren Dips und Pasten aus Frischkäse.

Perfekte Ballons

Optional kann man den Teig auch mit einer großen runden Form ausstechen. Dazu eignet sich neben einer klassischen Ausstechform auch ein Teller, ein Topfdeckel oder der Ring einer kleinen Backform. Je runder der Teigfladen, desto schöner geht der Ballon auf. Übrigens: Du kannst auch viele kleine Ballons backen, das sieht besonders hübsch aus.

MEIN FLADENBROT

Passend zum Grillen oder für ein schnelles Abendbrot: Das Fladenbrot ist ratzfatz gemacht und schmeckt zur selbstgemachen Aufstrich-Parade genauso gut wie gefüllt als Pita.

Für 1 Brot
Zubereitung: 10 Min.
Gehen: 30 Min. + 30 Min.
Backen: 35 Min.
Pro Scheibe ca. 68 kcal,
14 g KH, 2 g E, 0 g F

400 g Weizenmehl (Type 550)
1 TL Trockenhefe
1 schwacher TL Salz
240 ml Wasser

Außerdem
beschichtete Pfanne (28 cm ∅)
passender Deckel (6–8 cm hoch)

1 Mehl mit Salz in einer Schüssel mischen. Die Trockenhefe in 240 ml warmem Wasser auflösen und direkt zum Mehl geben, dann alles mit dem Knethaken zu einem glatten Teig verkneten. Die Schüssel abdecken und ca. 30 Min. an einen warmen Ort stellen, bis der Teig gut aufgegangen ist.

2 Den Teig noch einmal kurz durchkneten und zu einer Kugel formen. Dann den Teig mittig in die Pfanne legen und mit den Händen etwas flach drücken, damit der Teig breiter wird. Die Pfanne mit dem Deckel abdecken und nochmal ca. 30 Min. stehen lassen.

3 Die Pfanne auf die Herdplatte stellen und das Fladenbrot bei mittlerer Temperatur (z. B. Stufe 4,5 von 9, Stufe 1,5 von 3) so lange backen, bis die Oberfläche langsam trocken wird – das dauert je nach Pfanne ca. 25 Min. Dann das Brot mithilfe eines Pfannenwenders wenden und in ca. 10–15 Min. goldbraun und fertig backen. Anschließend aus der Pfanne nehmen und auf einem Gitter abkühlen lassen oder noch leicht warm genießen.

Mehr Würze

Das Fladenbrot schmeckt auch wunderbar, wenn man den Teig vor dem Backen mit Sesam, Mohn oder Kümmel bestreut.

DINKELBROT IM TOPF

Den Klassiker unter den gesunden Broten kannst du auch im Topf backen. Dinkel gehört nicht umsonst zu den beliebtesten Mehlsorten: Er hat einen tollen Geschmack und sehr gut verträglich.

Für 1 Brot
Zubereitung: 10 Min.
Gehen: 1 Std. + 10 Min.
Backen: 1 Std.
Pro Scheibe ca. 88 kcal,
16 g KH, 3 g E, 1 g F

250 g Dinkelmehl (Type 1050)
250 g Vollkorn-Dinkelmehl
1 ½ TL Salz
1 Msp. Vitamin-C-Pulver
(oder 1 EL Apfelessig)
2 TL Trockenhefe (6 g)
450 ml Wasser

Außerdem
beschichteter Topf mit Deckel
(20 cm ∅)

1 Die Mehlsorten mit Salz und Vitamin C in eine Schüssel geben und miteinander vermischen. Die Trockenhefe in 400 ml lauwarmem Wasser einrühren und direkt zum Mehl geben, alles mit dem Knethaken oder von Hand zu einem glatten Teig verarbeiten. Den Teig gut abgedeckt für ca. 1 Std. an einen warmen Ort stellen, bis er sich in etwa verdoppelt hat.

2 Jetzt den Teig einmal ringsum in der Schüssel falten. Dazu mit einer Teigkarte am Rand ansetzen und Richtung Mitte ziehen. Dann die Masse in den trockenen Topf geben, abdecken und noch einmal für ca. 30 Min. an einem warmen Ort gehen lassen, bis er deutlich aufgegangen ist.

3 Den Topf samt Deckel auf die Herdplatte stellen und bei mittlerer Temperatur (z. B. Stufe 4,5 von 9, Stufe 1,5 von 3) so lange backen, bis die Oberseite trocken ist und kein Teig mehr am Finger kleben bleibt. Das dauert, je nach Topf und Herd, ca. 40 Min.

4 Dann das Brot wenden: Dazu ein Holzbrett auf den Topf legen, den Topf samt Brett stürzen, abstellen und den Topf herunternehmen. Das Brot liegt nun mit der gebackenen Seite auf dem Brett. Nun das Brot drehen, sodass die ungebackene Seite auf dem Brett liegt. Den Topf wieder darüberstülpen und samt Brett wenden. Nun die zweite Seite für ca. 20 Min. backen.

5 Wenn das Brot optisch noch zu hell ist, die Temperatur 1 Stufe erhöhen und das Brot pro Seite noch ca. 5–10 Min backen, bis es goldbraun ist. Dann herausnehmen und auf einem Gitter auskühlen lassen.

ZARTE PITA

Perfekt zum Grillen oder zum Abendbrot, mit leckeren Dips oder mit Fleisch belegt, mit Butter beschmiert oder mit gegrilltem Gemüse eingerollt ... für dieses Brot gibt es wirklich unzählige Ideen.

Für 9 Fladen
Zubereitung: 20 Min.
Gehen: 30 Min.
Backen: 45 Min.
Pro Stück ca. 150 kcal,
31 g KH, 5 g E, 1 g F

400 g Weizenmehl (Type 550)
+ mehr zum Arbeiten
1 TL Salz
1 TL Trockenhefe
250 ml Wasser

Außerdem
beschichtete Pfanne (28 cm ∅)

1 Mehl mit Salz in einer Schüssel vermischen. Die Trockenhefe in 280 ml Wasser einrühren und sofort auf das Mehl geben. Alles von Hand verkneten (nicht wundern, der Teig ist zunächst etwas trocken). Dann abdecken und für 20–30 Min. zur Seite stellen.

2 Den Teig auf der bemehlten Arbeitsplatte kurz durchkneten und in 9 mandarinengroße Portionen teilen. Die Arbeitsplatte nochmal bemehlen und die Teigstücke nacheinander 4–5 mm dick ausrollen. Die Fladen sollten nicht an der Arbeitsplatte kleben bleiben.

3 Die Herdplatte auf mittlere bis etwas höhere Temperatur stellen (z. B. Stufe 6 von 9, Stufe 2 von 3). Dann die Fladen in die trockene Pfanne legen und für ca. 3 Min. backen, bis die Pita leicht gebräunt ist – dabei bilden sich oft große Luftblasen in den Fladen. Dann den Fladen wenden und von der zweiten Seite in ca. 3 Min. fertig backen. Mehlreste vorsichtig mit einem Tuch aus der Pfanne wischen. Die restlichen Fladen ebenso backen.

Butterzart

Die Pita-Brote unmittelbar nach dem Backen mit Butter bestreichen. Sie werden dadurch noch weicher und unglaublich gut!

GLUTENFREIES BROT IM TOPF

Auch glutenfreies Brot kann man wunderbar ohne Ofen im Kochtopf backen. So wird es ringsum richtig knusprig und innen schön weich.

Für 1 Brot
Zubereitung: 10 Min.
Gehen: 45 Min.
Backen: 1 Std.
Pro Scheibe ca. 95 kcal,
22 g KH, 0 g E, 1 g F

500 g glutenfreier Mehlmix (hell)
1 Pck. Trockenhefe
2 TL Salz
430 ml Wasser
1 EL Öl

Außerdem
beschichteter Topf mit Deckel
(20 cm ∅)

1 Die Mehlmischung mit dem Salz vermischen. Die Trockenhefe in 430 ml lauwarmem Wasser auflösen und zum Mehl geben. Mit dem Knethaken verrühren, dabei das Öl dazugeben. Mehlreste mit einem Teigspatel vom Rand lösen und gründlich unterkneten. Den Teig in den trocknen Topf geben und glattstreichen. Den Teig bei geschlossenem Deckel ca. 45 Min. an einem warmen Ort gehen lassen, bis sich der Teig verdoppelt hat.

2 Den Topf samt Deckel auf die Herdplatte stellen und das Brot bei mittlerer Temperatur (z. B. Stufe 4,5 von 9, Stufe 1,5 von 3) so lange backen, bis die Oberseite trocken ist und kein Teig mehr am Finger kleben bleibt. Das dauert, je nach Topf, ca. 40 Min.

3 Dann das Brot wenden: Dazu ein Holzbrett auf den Topf legen, den Topf samt Brett stürzen, abstellen und den Topf herunternehmen. Das Brot liegt nun mit der gebackenen Seite auf dem Brett. Nun das Brot wenden, sodass die ungebackene Seite auf dem Brett liegt. Den Topf drüberstülpen und wieder samt Brett wenden. Nun die zweite Seite für ca. 20 Min. backen.

4 Wenn das Brot dann noch zu hell ist, die Temperatur 1 Stufe höherstellen und das Brot pro Seite für ca. 5–10 Min. länger backen, bis es goldbraun ist. Dann aus dem Topf herausnehmen und auf einem Gitter auskühlen lassen. Das Brot eignet sich super, um es in Scheiben geschnitten einzufrieren und bei Bedarf rasch einzeln aufzutoasten.

Easy glutenfrei

Mittlerweile gibt es in fast jedem Geschäft fertige glutenfreie Mehlmischungen von unterschiedlichen Herstellern. Du kannst für dieses Rezept wirklich jede beliebige Mehlmischung verwenden oder sogar Reste miteinander mischen.

GLUTENFREIES VOLLKORNBROT

Ich finde glutenfreie Mehlmixe superpraktisch: Sie lassen sich mit ein paar zusätzlichen Zutaten ganz einfach aufpeppen und im Handumdrehen zu einem tollen und sehr leckeren Brot backen.

Für 1 Brot
Zubereitung: 10 Min.
Gehen: 1 Std.
Backen: 55 Min.
Pro Scheibe ca. 110 kcal, 16 g KH, 3 g E, 3 g F

500 g glutenfreier Mehlmix (dunkel)
60 g Kerne-Saaten-Mix
25 g geschrotete Leinsamen
1½ TL Salz
1 Pck. Trockenhefe
440 ml Wasser (bei Bedarf mehr)
1 EL Öl

Außerdem
beschichteter Topf mit Deckel (20 cm ∅)
Öl für den Topf

1 Alle trockenen Zutaten bis auf die Hefe in einer Schüssel gut miteinander vermischen. Die Trockenhefe in 440 ml lauwarmem Wasser (evtl. mehr – Packungsanleitung des Mehlmixes beachten!) auflösen und zu den trockenen Zutaten geben. Alles mit dem Knethaken vermengen, das Öl dazugeben. Den Topf mit Öl einpinseln, den Teig hineingeben und abdecken. An einem warmen Ort für ca. 1 Std. gehen lassen, bis er gut aufgegangen ist.

2 Den Topf samt Deckel auf die Herdplatte stellen und bei mittlerer Temperatur (z. B. Stufe 4,5 von 9, Stufe 1,5 von 3) so lange backen, bis die Oberseite trocken ist und kein Teig mehr am Finger kleben bleibt – das dauert, je nach Topf, ca. 40 Min. Immer wieder kontrollieren, dass das Brot nicht anbrennt.

3 Dann das Brot wenden: Dazu ein Holzbrett auf den Topf legen, den Topf samt Brett stürzen, abstellen und den Topf herunternehmen. Das Brot liegt nun mit der gebackenen Seite auf dem Brett. Nun das Brot drehen, so dass die ungebackene Seite auf dem Brett liegt. Den Topf drüberstülpen und wieder samt Brett wenden. Nun die zweite Seite für ca. 10–15 Min. backen. Dann herausnehmen und auf einem Gitter abkühlen lassen.

BROT MIT VOLLEM KORN IM TOPF

Dieses Brot ist etwas kompakter und flacher, wird aber durch das schonende Backen und das ganze Korn ein schön bekömmliches, saftiges Brot.

Für 1 Brot
Zubereitung: 40 Min.
Gehen: 45 Min. + 30 Min.
Backen: 55 Min.
Pro Scheibe ca. 95 kcal,
20 g KH, 4 g E, 0 g F

150 g Weizen (ganz oder grob geschrotet)
860 ml Wasser
450 g Weizenmehl (Type 1050)
1 TL Salz
2 TL Trockenhefe

Außerdem
beschichteter Topf mit Deckel (24 cm ∅)
Öl für den Topf

1 Den Weizen mit 500 ml Wasser in einen Topf geben und ca. 30 Min. köcheln lassen. Anschließend in ein Sieb abgießen und gut abtropfen lassen.

2 In einer Schüssel das Mehl mit dem Salz mischen. Die Trockenhefe in 380 ml lauwarmem Wasser auflösen, sofort zum Mehl geben unf alles mit dem Knethaken vermengen. Sobald ein glatter Teig entstanden ist, die gekochten Körner zum Teig geben und untermischen. Den Teig abdecken und für ca. 45 Min. an einen warmen Ort stellen, bis sich sein Volumen deutlich vergrößert hat (er muss sich aber nicht verdoppeln).

3 Jetzt den Teig einmal ringsum in der Schüssel falten. Dazu mit einer Teigkarte am Rand ansetzen und den Teig Richtung Mitte ziehen. Den Topf mit Öl einpinseln. Den Teig hineingeben, abdecken und ca. 30 Min. an einen warmen Ort stellen, bis der Teig noch einmal ein wenig aufgegangen ist. Der Teig ist durch die Körner etwas schwerer und geht generell nicht so stark auf.

4 Den Topf samt Deckel auf die Herdplatte stellen und das Brot bei mittlerer Temperatur (z. B. Stufe 4,5 von 9, Stufe 1,5 von 3) so lange backen, bis die Oberseite trocken ist und kein Teig mehr am Finger kleben bleibt. Das dauert, je nach Topf und Herd, ca. 40 Min.

5 Dann das Brot wenden: Dazu ein Holzbrett auf den Topf legen, den Topf samt Brett stürzen, abstellen und den Topf herunternehmen. Das Brot liegt nun mit der gebackenen Seite nach oben auf dem Brett. Nun das Brot wenden, sodass die ungebackene Seite oben liegt. Den Topf drüber stülpen und wieder samt Brett wenden. Nun die zweite Seite ca. 10–15 Min. backen. Das Brot ist fertig, wenn die zweite Seite gebräunt ist. Das Brot aus dem Topf stürzen und auf einem Gitter auskühlen lassen.

Knusprige Kruste

Beim Backen bildet sich Kondenswasser auf der Deckelunterseite. Wenn das zu viel wird, einfach die Deckelunterseite mit einem Tuch abwischen und den Deckel wieder auflegen. Den Deckel aber nicht unnötig oft abwischen, sonst entweicht zuviel Hitze aus dem Topf.

BUTTERMILCH-BROT IM TOPF

Buttermilch ist einfach klasse: Dank der Flüssigeit bleibt das Brot über Tage hinweg frisch und saftig – ideal für den Vorrat!

Für 1 Brot
Zubereitung: 10 Min.
Gehen: 1 Std. + 30 Min.
Backen: 55 Min.
Pro Scheibe ca. 125 kcal, 18 g KH, 5 g E, 3 g F

500 g Weizenmehl (Type 1050)
80 g Sonnenblumenkerne
50 g geschrotete Leinsamen
1 ½ TL Salz
2 TL Trockenhefe
50 ml Wasser
400 ml zimmerwarme Buttermilch

Außerdem
beschichteter Topf mit Deckel (20 cm ∅)

1 Alle trockenen Zutaten bis auf die Hefe in einer Schüssel vermischen. Die Trockenhefe in 50 ml lauwarmem Wasser auflösen und mit der Buttermilch zum Mehl geben. Alles mit dem Knethaken gründlich vermengen. Die Schüssel abdecken und für ca. 1 Std. an einen warmen Ort stellen, bis sich das Teigvolumen verdoppelt hat.

2 Jetzt den Teig einmal ringsum in der Schüssel falten. Dazu mit einer Teigkarte am Rand ansetzen und den Teig Richtung Mitte ziehen. Den Teig in den trockenen Topf geben und abdecken. Nochmal ca. 30 Min. an einen warmen Ort stellen, bis der Teig noch etwas aufgegangen ist.

3 Den Topf samt Deckel auf die Herdplatte stellen und bei mittlerer Temperatur (z. B. Stufe 4,5 von 9, Stufe 1,5 von 3) so lange backen, bis die Oberseite trocken ist und kein Teig mehr am Finger kleben bleibt. Das dauert, je nach Topf und Herd, ca. 40 Min.

4 Dann das Brot wenden: Dazu ein Holzbrett auf den Topf legen, den Topf samt Brett stürzen, abstellen und den Topf herunternehmen. Das Brot liegt nun mit der gebackenen Seite auf dem Brett. Nun das Brot wenden, sodass die ungebackene Seite auf dem Brett liegt. Den Topf drüberstülpen und wieder samt Brett wenden. Nun die zweite Seite für ca. 10–15 Min. backen. Das Brot ist fertig, wenn die zweite Seite gebräunt ist. Dann aus dem Topf stürzen und auf einem Gitter auskühlen lassen.

NUSS-UND-SCHROT-BROT

Brot aus Getreideschrot ist besonders nahrhaft, denn hier sind noch alle gesunden Inhaltsstoffe aus dem vollen Korn enthalten. Die Haselnüsse machen das Ganze dann nochmal extraknackig.

Für 1 Brot
Zubereitung: 10 Min.
Ziehen: 8 Std.
Gehen: 1 Std. + 30 Min.
Backen: 55 Min.
Pro Scheibe ca. 120 kcal, 19 g KH, 4 g E, 3 g F

300 g Weizenschrot
280 g Weizenmehl (Type 1050)
90 g Haselnusskerne
2 TL Trockenhefe
1 TL Salz
250 ml Wasser

Außerdem
beschichtete Pfanne (24 cm ∅)
passender Deckel (6–8 cm hoch)

1 Den Schrot mit 500 ml Wasser in einen Topf geben und aufkochen. Dann den Herd ausschalten und den Schrot mind. 3 Std., besser über Nacht, bei geschlossenem Deckel ziehen lassen. Dann in einem Sieb abtropfen lassen.

2 Das Mehl und Salz in einer Schüssel mischen. Die Trockenhefe in 250 ml warmem Wasser auflösen und zur Mehlmischung geben. Alles mit dem Knethaken gut vermengen. Dann die Haselnüsse und den abgetropften Schrot dazugeben und unterkneten. Den Teig abdecken und für ca. 1 Std. an einen warmen Ort stellen, bis er deutlich aufgegangen ist.

3 Den Teig noch einmal durchkneten, dann auf der Arbeitsplatte zu einem schmalen, eher hohen Laib formen und in die trockene Pfanne legen. Den Deckel auflegen und die Pfanne nochmal für ca. 30 Min. an einen warmen Ort stellen, bis der Teig deutlich aufgegangen ist.

4 Den Topf samt Deckel auf die Herdplatte stellen und das Brot bei mittlerer Temperatur (z. B. Stufe 4,5 von 9, Stufe 1,5 von 3) so lange backen, bis die Oberseite trocken ist und kein Teig mehr am Finger kleben bleibt. Das dauert, je nach Topf, ca. 40 Min. Dann das Brot mit einem Pfannenwender vorsichtig wenden, den Deckel wieder schließen und das Brot von der anderen Seite in ca. 15 Min. zu Ende backen. Anschließend aus der Pfanne nehmen und auf einem Gitter auskühlen lassen.

SAFTIGES DINKEL-BROT MIT MOLKE

Molke ist eigentlich eine Art Abfallprodukt der Käseherstellung. Meiner Meinung nach ist sie ein unterschätztes Lebensmittel beim Brotbacken: Dieses Brot wird dank Molke schön saftig und viel länger haltbar.

Für 1 Brot
Zubereitung: 10 Min.
Gehen: 1 Std. + 30 Min.
Backen: 55 Min.
Pro Scheibe ca. 90 kcal, 18 g KH, 3 g E, 0 g F

500 g Dinkelmehl (Type 630)
1 TL Salz
1 Msp. Vitamin-C-Pulver (oder 1 EL Apfelessig)
2 TL Trockenhefe
380 ml zimmerwarme Molke

Außerdem
beschichteter Topf mit Deckel (20 cm ∅)
Öl für den Topf

1 Das Mehl mit Salz in eine Schüssel füllen, das Vitamin C dazugeben und alles miteinander vermischen. Die Trockenhefe mit der Molke verrühren und direkt auf das Mehl geben. Alles mit dem Knethaken oder von Hand zu einem glatten Teig verarbeiten. Den Teig gut abdecken und für ca. 1 Std. an einen warmen Ort stellen, bis er sich in etwa verdoppelt hat.

2 Jetzt den Teig einmal ringsum in der Schüssel falten. Dazu mit einer Teigkarte am Rand ansetzen und in Richtung Mitte ziehen. Den Topf mit Öl einpinseln, den Teig direkt aus der Schüssel hineingeben und den Deckel auflegen. Den Teig nochmal ca. 30 Min. an einem warmen Ort gehen lassen, bis er gut aufgegangen ist (er braucht sich aber nicht verdoppeln).

3 Den Topf samt Deckel auf die Herdplatte stellen und das Brot bei mittlerer Temperatur (z. B. Stufe 4,5 von 9, Stufe 1,5 von 3) so lange backen, bis die Oberseite trocken ist und kein Teig mehr am Finger kleben bleibt. Das dauert, je nach Topf und Herd, ca. 40 Min.

4 Dann das Brot wenden: Dazu ein Holzbrett auf den Topf legen, den Topf samt Brett stürzen, abstellen und den Topf herunternehmen. Das Brot liegt nun mit der gebackenen Seite auf dem Brett. Nun das Brot wenden, sodass die ungebackene Seite auf dem Brett liegt. Den Topf drüberstülpen und wieder samt Brett wenden. Nun die zweite Seite für ca. 15–20 Min. backen. Das Brot ist fertig, wenn die zweite Seite gebräunt ist. Dann aus dem Topf nehmen und auf einem Gitter abkühlen lassen.

Keine Molke?

Kein Problem! Selbstverständlich kannst du auch einfach Wasser anstelle der Molke nehmen.

SAFTIGES ZWIEBELBROT

Zwiebelbrot ist ein echter Klassiker auf meinem Abendbrottisch: Würzig und mild bringt es etwas Abwechslung in den Alltag. Auch für den Grillabend ist es übrigens eine klasse Beilage.

Für 1 Brot
Zubereitung: 10 Min.
Gehen: 1 Std. + 30 Min.
Backen: 55 Min.
Pro Scheibe ca. 95 kcal, 18 g KH, 3 g E, 1 g F

500 g Weizenmehl (Type 550)
1½ TL Salz
30 g Röstzwiebeln
2 TL Trockenhefe
380 ml Wasser

Außerdem
beschichteter Topf mit Deckel (20 cm ∅)

1 Das Mehl mit Salz und Röstzwiebeln in einer Schüssel vermischen. Die Trockenhefe in 380 ml lauwarmem Wasser auflösen und sofort zum Mehl geben. Mit dem Knethaken alles gut vermengen. Die Schüssel abdecken und für ca. 1 Std. an einen warmen Ort stellen, bis sich der Teig verdoppelt hat.

2 Jetzt den Teig einmal ringsum in der Schüssel falten. Dazu mit einer Teigkarte am Rand ansetzen und den Teig Richtung Mitte ziehen. Den Teig in den trockenen Topf geben und abdecken. Noch einmal ca. 30 Min. an einem warmen Ort gehen lassen, bis der Teig sichtbar aufgegangen ist.

3 Den Topf samt Deckel auf die Herdplatte stellen und das Brot bei mittlerer Temperatur (z. B. Stufe 4,5 von 9, Stufe 1,5 von 3) so lange backen, bis die Oberseite trocken ist und kein Teig mehr am Finger kleben bleibt. Das dauert, je nach Topf, ca. 40 Min.

4 Dann das Brot wenden: Dazu ein Holzbrett auf den Topf legen, den Topf samt Brett stürzen, abstellen und den Topf herunternehmen. Das Brot liegt nun mit der gebackenen Seite auf dem Brett. Nun das Brot wenden, sodass die ungebackene Seite auf dem Brett liegt. Den Topf drüberstülpen und wieder samt Brett wenden. Nun die zweite Seite für ca. 15–20 Min. backen. Das Brot ist fertig, wenn die zweite Seite gebräunt ist. Dann aus dem Topf nehmen und auf einem Gitter auskühlen lassen.

GLUTENFREIES BROT MIT MOLKE

Auch glutenfreie Brote eignen sich wunderbar, um sie mit Molke saftig und länger haltbar zu machen. Ein paar Kerne mit einrühren und schon steht ein tolles Brot auf dem Tisch.

Für 1 Brot
Zubereitung: 10 Min.
Gehen: 1 Std.
Backen: 55 Min.
Pro Scheibe ca. 110 kcal,
23 g KH, 1 g E, 1 g F

500 g glutenfreier Mehlmix (hell)
50 g Sonnenblumenkerne
1½ TL Salz
2,5 TL Trockenhefe
40 ml Molke (oder Wasser)

Außerdem
beschichteter Topf mit Deckel (20 cm ∅)
Öl für den Topf

1 Das Mehl mit Sonnenblumenkernen und Salz mischen. Die Molke leicht erwärmen, dann die Trockenhefe darin auflösen und zum Mehl geben. Alles mit dem Knethaken gut vermengen. Den Teig in den trockenen Topf füllen. Den Topf abdecken und ca. 30–45 Min. an einen warmen Ort stellen, bis der Teig sich fast verdoppelt hat.

2 Den Topf samt Deckel auf die Herdplatte stellen und das Brot bei mittlerer Temperatur (z. B. Stufe 4,5 von 9, Stufe 1,5 von 3) so lange backen, bis die Oberseite trocken ist und kein Teig mehr am Finger kleben bleibt. Das dauert, je nach Topf und Herd, ca. 40 Min.

3 Dann das Brot wenden: Dazu ein Holzbrett auf den Topf legen, den Topf samt Brett stürzen, abstellen und den Topf herunternehmen. Das Brot liegt jetzt mit der gebackenen Seite auf dem Brett. Nun das Brot wenden, sodass die ungebackene Seite auf dem Brett liegt. Den Topf drüberstülpen und wieder samt Brett wenden. Nun die zweite Seite 15–20 Min. backen. Das Brot ist fertig, wenn die zweite Seite gebräunt ist. Das Brot aus dem Topf nehmen und auf einem Gitter abkühlen lassen.

KARTOFFELBROT

Dieses Brot ist eine der besten Arten der Resteverwertung: Übrig gebliebene Kartoffeln wandern blitzschnell in dieses echt saftiges Brot.

Für 1 Brot
Zubereitung: 30 Min.
Gehen: 1 Std. + 30 Min.
Backen: 55 Min.
Pro Scheibe ca. 80 kcal,
16 g KH, 3 g E, 0 g F

140 g gekochte Kartoffeln (geschält)
1½ TL Salz
280 ml Wasser
450 g Weizenmehl (Type 1050)
2 TL Trockenhefe

Außerdem
beschichteter Topf mit Deckel
(20 cm ∅)

1 Die Kartoffeln mit einer Gabel fein zerdrücken. Dabei nach und nach 280 ml Wasser dazugeben, dann die Trockenhefe einrühren und alles mit dem Mehl und dem Salz verkneten. Den Teig abdecken und für ca. 1 Std. an einen warmen Ort stellen, bis er deutlich aufgegangen ist.

2 Den Teig in der Schüssel mit einer Teigkarte von außen nach innen falten. Den Teig in den trockenen Topf geben. Den Deckel auflegen und den Teig noch einmal für ca. 30 Min. gehen lassen, bis er gut aufgegangen ist.

3 Den Topf samt Deckel auf die Herdplatte stellen und das Brot bei mittlerer Temperatur (z. B. Stufe 4,5 von 9, Stufe 1,5 von 3) so lange backen, bis die Oberseite trocken ist und kein Teig mehr am Finger kleben bleibt. Das dauert, je nach Topf und Herd, ca. 40 Min.

4 Dann das Brot wenden: Dazu ein Holzbrett auf den Topf legen, den Topf samt Brett stürzen, abstellen und den Topf herunternehmen. Das Brot liegt jetzt mit der gebackenen Seite auf dem Brett. Nun das Brot wenden, sodass die ungebackene Seite auf dem Brett liegt. Den Topf drüber stülpen und wieder samt Brett wenden. Nun die zweite Seite ca. 15–20 Min. backen. Das Brot ist fertig, wenn die zweite Seite gebräunt ist. Dann aus dem Topf nehmen und auf einem Gitter auskühlen lassen.

FEINES CHIABROT

Chia-Samen sind aus meiner Küche kaum noch wegzudenken – und natürlich habe ich auch ein Brot damit kreiert. Das ist dank dieser kleinen Kraftpakete eine echte Ballaststoffbombe.

Für 1 Brot
Zubereitung: 15 Min.
Quellen: 15 Min.
Gehen: 1 Std. + 30 Min.
Backen: 55 Min.
Pro Scheibe ca. 95 kcal, 19 g KH, 4 g E, 1 g F

30 g Chia-Samen
340 ml Wasser
250 g Dinkelmehl (Type 1050)
250 g Weizenmehl (Type 1050)
1½ TL Salz
2 TL Trockenhefe

Außerdem
beschichteter Topf mit Deckel (20 cm ∅)

1 Die Chia-Samen in 340 ml sehr warmes Wasser geben und ca. 15 Min. quellen lassen. Die Mehlsorten in einer Schüssel mit dem Salz mischen.

2 Die Trockenhefe in das Chia-Wasser einrühren, dann mit dem Mehlmix verkneten. Abdecken und ca. 1 Std. an einen warmen Ort stellen, bis der Teig gut aufgegangen ist (er muss sich aber nicht verdoppeln).

3 Den Teig in der Schüssel mit einer Teigkarte von außen nach innen falten. Den Teig in den trockenen Topf füllen, abdecken und noch einmal ca. 30 Min. an einen warmen Ort stellen, bis sich sein Volumen sichtlich vergrößert hat.

4 Den Topf samt Deckel auf die Herdplatte stellen und das Brot bei mittlerer Temperatur (z. B. Stufe 4,5 von 9, Stufe 1,5 von 3) so lange backen, bis die Oberseite trocken ist und kein Teig mehr am Finger kleben bleibt. Das dauert, je nach Topf und Herd, ca. 40 Min.

5 Dann das Brot wenden: Dazu ein Holzbrett auf den Topf legen, den Topf samt Brett stürzen, abstellen und den Topf herunternehmen. Das Brot liegt nun mit der gebackenen Seite auf dem Brett. Jetzt das Brot wenden, sodass die ungebackene Seite auf dem Brett liegt. Den Topf drüberstülpen und wieder samt Brett wenden. Nun die zweite Seite für ca. 15–20 Min. backen. Das Brot ist fertig, wenn die zweite Seite gebräunt ist. Dann das Brot aus dem Topf nehmen und auf einem Gitter auskühlen lassen.

AUFSTRICHE

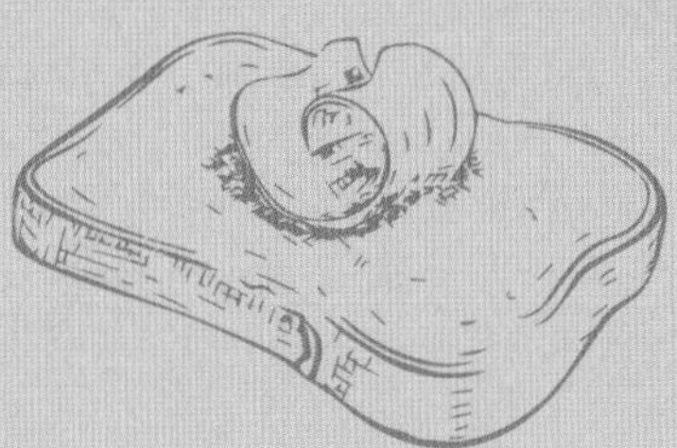

Und was kommt obendrauf? Leckere Aufstriche sind die perfekten Begleiter für alle Brote, Brötchen und herzhaften Gebäcke. Mein Extra-Clou in diesem Kapitel: Für die Aufstriche habe ich bewusst Zutaten gewählt, die sich wiederholen. So kannst du aus bereits vorhandenen Zutaten immer wieder neue Aufstriche in unterschiedlichen Geschmackskompositionen herstellen.

PAPRIKA-FETA-AUFSTRICH

Dieser Aufstrich ist mein Favorit für frisch gebackene Baguettes. Auch bei sommerlichen Grillabenden darf er auf keinen Fall fehlen.

Für 500 g Aufstrich
Zubereitung: 10 Min.
Pro 100 g ca. 270 kcal,
3 g KH, 10 g E, 24 g F

180 g Schafskäse (Feta)
300 g Frischkäse
2 EL Crème fraîche
4 TL Sambal Oelek (oder Ajvar)
1 Zweig Basilikum (nach Belieben)
½ rote Paprika
Salz

1 Den Feta in kleine Würfel schneiden und zusammen mit dem Frischkäse und der Crème fraîche in eine Schale geben. Sambal Oelek dazugeben. Die Basilikumblätter waschen und trockenschütteln, die Blättchen abzupfen und fein hacken. Die Paprika waschen, von Kerngehäuse und weißen Trennhäuten befreien, dann in feine Stücke schneiden.

2 Alle Zutaten gut miteinander vermischen und nach Belieben noch mit etwas Salz abschmecken. Zum Aufbewahren in ein sauberes Glas füllen und in den Kühlschrank stellen.

Gut Ding …

Du kannst den Aufstrich natürlich sofort essen. Am nächsten Tag, wenn er richtig durchgezogen ist, schmeckt er noch besser.

ROTE-LINSEN-AUFSTRICH

Das ist einer meiner Lieblings-Aufstriche. Der Frischkäse und die roten Linsen ergeben eine milde Creme, die kleinen Tomatenstücke sowie die Walnüsse geben dem Aufstrich das gewisse Etwas.

Für 220 g Aufstrich
Zubereitung: 10 Min.
Pro 100 g ca. 300 kcal,
18 g KH, 10 g E, 21 g F

50 g rote Linsen
1 kleine Knoblauchzehe
30 g getrocknete Tomaten in Öl
6 Walnusskerne (nach Belieben)
60 g Frischkäse
1 TL Tomatenmark
1 TL edelsüßes Paprikapulver
2–3 Prisen gemahlener Kümmel
Salz
Pfeffer

1 Die Linsen nach Packungsanleitung in Wasser weich kochen. Anschließend abgießen und abkühlen lassen, dann die Linsen fein pürieren.

2 Den Knoblauch schälen und pressen, die getrockneten Tomaten in kleine Stücke schneiden, die Walnüsse haken. Sobald die Linsen komplett abgekühlt sind, mit Knoblauch, Tomaten, Walnüsse, Frischkäse, Tomatenmark und Gewürze in eine Schüssel geben und gut vermischen. Zum Schluss den Aufstrich mit Salz und Pfeffer abschmecken.

SWEET-JALAPEÑO-DIP

Entweder mild oder feurig scharf, durch die leichte süße Unternote ist dieser Dip ein echtes Geschmackserlebnis. Mein Tipp dazu: Unbedingt mit dem Ballonbrot probieren!

Für 280 g Aufstrich
Zubereitung: 10 Min.
Pro 100 g ca. 300 kcal,
14 g KH, 5 g E, 25 g F

250 g Frischkäse
25 g Jalapeños
1 große Knoblauchzehe
2 EL Agavendicksaft
1 EL Olivenöl
Salz
Zitronensaft

1 Den Frischkäse in eine Schüssel geben. Die Jalapeños klein schneiden, den Knoblauch schälen und pressen, beides zum Frischkäse geben.

2 Agavendicksaft, Olivenöl, Salz und 1–2 Spritzer Zitronensaft dazugeben und alles gut vermischen. Der Dip kann sofort gegessen werden – er schmeckt aber am nächsten Tag, wenn alles durchgezogen ist, sogar noch besser.

Extrascharf

Die Jalapeños sind nicht wirklich scharf, man kann sie gut essen. Wer es wirklich scharf haben möchte, gibt noch 1–2 klein geschnittene Chilischoten in den Dip. Wer keine süße Unternote haben möchte, lässt den Agavendicksaft einfach weg.

LUPINEN-HUMMUS

Lupinen sind mein heimlicher Star unter den Hülsenfrüchten. 40 Prozent Eiweiß, magenfreundlich und kaum Kohlenhydrate – die perfekte Basis für einen tollen, veganen Hummus.

Für 400 g Aufstrich
Zubereitung: 10 Min.
Pro 100 g ca. 185 kcal,
9 g KH, 10 g E, 11 g F

1 Glas eingelegte große Lupinenkerne (250 g Abtropfgewicht)
1 sehr kleine Knoblauchzehe
150 g Hafer Cuisine
1 EL Rapsöl
2–3 TL Sesampaste (Tahin; nach Belieben)
Salz
Pfeffer

1 Die Lupinenkerne in ein Sieb abgießen und abtropfen lassen, dann nach Belieben schälen: Dazu mit einem kleinen Messer einen Schnitt am Rand setzen und den Kern mit 2 Fingern herausdrücken (das geht wirklich schnell und es lohnt sich, weil die Schale eher fest und leicht bitter ist).

2 Den Knoblauch schälen und zusammen mit den Lupinenkernen, Hafer Cuisine und Öl in einen Mixbecher geben und fein pürieren. Nach Belieben die Sesampaste unterrühren und zuletzt mit Salz und Pfeffer abschmecken.

I like Lupine

Der Hummus lässt sich leicht variieren: Gib doch anstelle der Sesampaste 30 g klein geschnittene, getrocknete Tomaten (in Öl) und 1–2 EL Ajvar unter die Masse. Falls es nicht vegan sein soll, kannst du auch Sahne statt der Hafer Cuisine verwenden.

VEGANE LEBER-WURST

Die Leberwurststulle aus der Kindheit gibt es jetzt auch auf pflanzlicher Basis – und die vegane Version steht dem Klassiker wirklich in nichts nach, versprochen!

Für 240 g Aufstrich
Zubereitung: 10 Min.
Pro 100 g ca. 150 kcal,
21 g KH, 9 g E, 3 g F

1 Dose Wachtelbohnen (240 g Abtropfgewicht)
⅓ TL Rauchsalz
2–3 Prisen Pfeffer
2 TL Röstzwiebeln
1 TL getrockneter Majoran
½ TL Thymian

1 Die Wachtelbohnen durch ein Sieb abgießen, mit klarem Wasser abspülen und gut abtropfen lassen. Dann die Bohnen in einen Mixbecher füllen und mit dem Salz und Pfeffer fein pürieren.

2 Die Röstzwiebeln, Majoran und Thymian mit einem Messer etwas kleiner hacken, dann gut unter die Bohnenmasse mischen. Fertig!

Wie früher

Statt der Wachtelbohnen kannst du auch Kidneybohnen nehmen.

TOMATEN-KICHER-ERBSEN-CREME

Spontan Gäste zum Abendbrot? Dann rettet dich diese Creme: 10 Minuten Zeit und ein paar Zutaten aus dem Vorratsschrank ergeben einen wahnsinnig leckeren Brotaufstrich.

Für 300 g Aufstrich
Zubereitung: 10 Min.
Pro 100 g ca. 240 kcal,
5 g KH, 16 g E, 16 g F

1 Dose Kichererbsen (240 g Abtropfgewicht)
1 kleine Knoblauchzehe
2 EL Olivenöl
50 g getrocknete Tomaten in Öl
1 EL Ajvar (oder Sambal Oelek)
Salz
Pfeffer
1 Zweig Basilikum

1 Die Kichererbsen in ein Sieb abgießen, das Wasser dabei auffangen. Die Kichererbsen nicht abspülen und in einen Mixbecher geben. 60 ml Kichererbsenwasser abmessen und zu den Kichererbsen geben. Den Knoblauch schälen und in den Becher geben.

2 Öl, getrocknete Tomaten und Ajvar in den Becher geben, dann alle Zutaten fein pürieren. Die Creme mit Salz und Pfeffer abschmecken. Das Basilikum waschen und trockenschütteln, die Blätter abzupfen und fein schneiden, dann unter die Creme mischen. Die Creme kann sofort gegessen werden, schmeckt aber am nächsten Tag noch besser.

Aquafaba

Kichererbsenwasser ist sehr proteinreich und hat kaum Kalorien. Deshalb nach Möglichkeit immer verwenden oder auffangen und einfrieren. Es heißt auch Aquafaba und kann zu veganem Eischnee geschlagen oder zum Andicken von Suppen und Saucen genutzt werden. Wichtig: Das Wasser von rohen Kichererbsen darf nicht verwendet werden!

KLEINER SONNEN-FREUND

Viele knackige Sonnenblumenkerne bilden zusammen mit Frischkäse und ein paar wenigen Gewürzen einen wirklich außergewöhnlich leckeren Brotaufstrich. Schmeckt super auf Baguette oder Bauernbrot!

Für 230 g Aufstrich
Zubereitung: 10 Min.
Pro 100 g ca. 460 kcal,
9 g KH, 13 g E, 41 g F

100 g Sonnenblumenkerne
1 kleine Knoblauchzehe
50 g Frischkäse
2 EL Rapsöl
1 TL edelsüßes Paprikapulver
2–3 Prisen gemahlener Kümmel
⅓ TL Salz

1 Die Sonnenblumenkerne mit 80 ml Wasser in einen Standmixer oder Mixbecher geben und fein pürieren. Den Knoblauch schälen und pressen.

2 Pürierte Kerne, Knoblauch, Frischkäse, Öl und Gewürze in einen Becher geben und alles gründlich mischen. Den Dip noch einmal mit Salz abschmecken und zum Aufbewahren in ein sauberes Gefäß umfüllen.

Mehr Geschmack

Versuche den Aufstrich doch auch mal mit Olivenöl statt Rapsöl oder mische noch 20 g getrocknete Tomaten in kleinen Stücken oder 1 TL Ajvar unter den Aufstrich.

BOHNEN-AJVAR-AUFSTRICH

Bohnen und Ajvar sind schon allein eine tolle Kombi. Wenn dann noch ein paar Gewürze im Spiel sind, wird sie zu einem echten Geschmackserlebnis.

Für 320 g Aufstrich
Zubereitung: 10 Min.
Pro 100 g ca. 180 kcal,
23 g KH, 11 g E, 5 g F

50 g rote Linsen
1 Dose Wachtelbohnen (240 g Abtropfgewicht)
1 EL Rapsöl
2–3 Prisen gemahlener Kümmel
30 g Ajvar
Salz
Pfeffer

1 Die Linsen nach Packungsanweisung in reichlich Wasser kochen, dann abgießen und abkühlen lassen.

2 Die Bohnen abgießen und zu den roten Linsen geben. Rapsöl, Kümmel, Salz und Pfeffer dazugeben und alles fein pürieren. Zuletzt den Ajvar untermischen und alles nochmal mit Salz und Pfeffer abschmecken.

Das passt noch

Wer Lust hat, püriert noch 60 g Frischkäse und 30 g getrocknete Tomaten (in Öl) unter die Masse. Zum Schluss eine Handvoll gehackte Walnüsse unterrühren – sehr lecker!

SELBSTGEMACHTE BUTTER

Wer weiß heute eigentlich noch, wie man Butter selbst macht? Klar, man kann sie ganz einfach kaufen, aber selbst gemacht schmeckt einfach besser. Außerdem entsteht ganz nebenbei noch gesunde Buttermilch.

Für ca. 150 g Butter
Zubereitung: 30 Min.
Stehen: 1 Tag
Pro 100 g ca. 670 kcal,
47 g KH, 35 g E, 38 g F

2 l frische Kuhmilch vom Bauern
Buttermodel (nach Belieben)

1 2 Liter frische Kuhmilch in eine große breite Schüssel gießen, abdecken und für mind. 24 Std. stehen lassen. Auf keinen Fall darin rühren. Die Milch kann, muss aber nicht in den Kühlschrank. Nach ca. 24 Std. hat sich der Rahm (die Sahne) abgesetzt und schwimmt oben. Vorsichtig mit einem großen Kochlöffel abschöpfen und in eine Schüssel geben.

2 Den Rahm mit dem Handrührgerät auf höchster Stufe für ca. 10 Min. schlagen – so lange, bis die Sahne »überschlagen« ist. Nach und nach bilden sich kleine Butterflocken und immer mehr Buttermilch setzt sich ab. Die Butterflocken werden immer gelber und deutlicher. Irgendwann ist Mixen nicht mehr möglich, weil die gebildete Buttermilch zu stark spritzen würde.

3 Nun alles durch ein Sieb gießen. Die weiße Flüssigkeit auf keinen Fall wegkippen, sondern auffangen, das ist frische Buttermilch. Die in dem Sieb aufgefangene Butter mit einem Löffel leicht zu einem großen Stück formen. Die leere Schüssel nun mit frischem Leitungswasser füllen und die Butter in das Wasser legen. Mit einem Esslöffel die Butter auswaschen. Dabei immer wieder mit dem Löffel auf die Butter drücken. So entweicht die überschüssige Buttermilch. Diesen Vorgang ein- bis zweimal wiederholen, bis sich das Wasser nicht mehr weißlich färbt.

4 Das Wasser abgießen, die Butter in der Schüssel lassen und mit dem Esslöffel das restliche Wasser aus der Butter drücken. Abgesetztes Wasser weggießen und auch diesen Vorgang zwei- bis dreimal wiederholen. Die Butter nun mit einem Buttermodel formen oder in ein Schälchen geben. Sie hält sich im Kühlschrank 1–2 Wochen und wird nicht schlecht, sondern (wie gekaufte Butter auch) irgendwann ranzig.

Meine Tipps

Um Butter aus Milch selber machen zu können, braucht man ganz frische Kuhmilch vom Bauern (nicht pasteurisiert). Die übrig gebliebene Kuhmilch kann man entweder trinken oder frischen Hüttenkäse daraus herstellen. Wie das geht, seht ihr auf meinem Kanal in dem Video: »Leckeren Hüttenkäse aus frischer Milch selber machen«.

Du kannst die Butter auch direkt aus gekaufter Schlagsahne machen, dafür brauchst du 400 g Schlagsahne und fängst direkt mit dem Sahne schlagen an. Dann geht es wie im Rezept beschrieben weiter.

REZEPTREGISTER

BACKOFENHINWEIS

Die Backzeiten können je nach Herd variieren. Die Temperaturangaben beziehen sich auf das Backen im Elektroherd mit Ober- und Unterhitze und können bei Gasherden oder Backen mit Umluft abweichen. Details entnehmen Sie bitte der Gebrauchsanweisung Ihres jeweiligen Gerätes.
Dies gilt ebenso für das Brat-Backen auf dem Herd: Die Backzeiten hängen davon ab, welche Stufen und Temperaturen es beim jeweiligen Gerät gibt. Wird das Brot beim ersten Mal backen zu dunkel, wählen Sie beim nächsten Mal eine Stufe niedriger; wird es beim ersten Mal backen zu hell, wählen Sie beim nächsten Mal eine Stufe höher. Sobald Sie die perfekte Stufe für Ihren Herd gefunden haben, brauchen Sie diese nicht mehr verändern und können jedes Brot entsprechend backen.

BACKHINWEIS

Die Brote können alle auch mit unterschiedlichen Mehlsorten gebacken werden. Statt Weizen- funktioniert auch Dinkelmehl. Geben Sie dann noch eine Msp. Vitamin-C-Pulver oder 1 TL Apfelessig zum Teig, um das Teiggerüst zu stärken. Ebenso können Sie alle Milchprodukte durch laktosefreie Produkte ersetzen – das hat keinerlei Auswirkungen auf das Gelingen der Brotrezepte in diesem Buch.

DIE AUTORIN

Eva Wellenberg lebt mit ihrem Mann und drei Kindern in Düsseldorf. 2018 postete sie Nähanleitungen auf YouTube, bald folgten erste Brotvideos – denn schnelle und einfache Brote sind ihre wahre Leidenschaft. Nach zwei Jahren hatte sie bereits 50.000 Abonnenten, derzeit sind es über 320.000 – Tendenz stetig steigend. Da Eva die große Gabe hat, jeden Arbeitsschritt genau zu zeigen und zu erklären, trauen sich viele Follower mit diesen Videos das erste Mal ans Brotbacken heran – mit Erfolg!

DER FOTOGRAF

Mathias Neubauer ist Grafikdesigner und einer der führenden Foodfotografen Deutschlands. Er arbeitet für zahlreiche internationale Buchverlage und Magazine. Sein Herz schlägt für gutes Essen – vom rohen Produkt bis zum fertigen Gericht, und er liebt es, beides ins beste Licht zu rücken. Backwerk jedweder Art ist eine seiner ganz großen Leidenschaften. Und so hat er zusammen mit seinem Bruder Andreas Neubauer (Foodstyling) sein Studio in Seligenstadt in eine Backstube verwandelt, wo mit viel Liebe zum Detail die wunderbaren Fotos für dieses Buch entstanden sind.

APPETIT AUF MEHR?

ISBN 978-3-8338-8472-6

ISBN 978-3-8338-8605-8

ISBN 978-3-8338-8171-8

ISBN 978-3-8338-6621-0

ISBN 978-3-8338-6762-0

ISBN 978-3-8338-8339-2

e Alle hier vorgestellten Bücher sind auch als eBook erhältlich.

G|U

Mehr von GU auf **www.gu.de** und **facebook.com/gu.verlag**

QUALITÄTS G|U GARANTIE

LIEBE LESERINNEN UND LESER,

wir wollen Ihnen mit diesem Buch Informationen und Anregungen geben, um Ihnen das Leben zu erleichtern oder Sie zu inspirieren, Neues auszuprobieren. Wir achten bei der Erstellung unserer Bücher auf Aktualität und stellen höchste Ansprüche an Inhalt und Gestaltung. Alle Anleitungen und Rezepte werden von unseren Autoren, jeweils Experten auf ihren Gebieten, gewissenhaft erstellt und von unseren Redakteur*innen mit größter Sorgfalt ausgewählt und geprüft.

Haben wir Ihre Erwartungen erfüllt? Sind Sie mit diesem Buch und seinen Inhalten zufrieden? Wir freuen uns auf Ihre Rückmeldung. Und wir freuen uns, wenn Sie diesen Titel weiterempfehlen, in Ihrem Freundeskreis oder bei Ihrem Online-Kauf.

Sollten wir Ihre Erwartungen so gar nicht erfüllt haben, tauschen wir Ihnen Ihr Buch jederzeit gegen ein gleichwertiges zum gleichen oder ähnlichen Thema um.

KONTAKT ZUM LESERSERVICE

GRÄFE UND UNZER VERLAG
Grillparzerstraße 12
81675 München
www.gu.de

IMPRESSUM

G|U

GU ist eine eingetragene Marke der GRÄFE UND UNZER VERLAG GmbH, www.gu.de

ISBN 978-3-8338-8875-5
3. Auflage 2024

Projektleitung: Alessandra Redies, Nathalie Künzl
Lektorat: Melanie Haizmann
Korrektorat: Anne-Sophie Zähringer
Gesamtgestaltung: ki36 Editorial Design, Sabine Krohberger, München
Herstellung: Susanne Fuhrmann
Satz: Christopher Hammond, München
Repro: Longo AG, Bozen
Druck: aprinta GmbH, Wemding
Bindung: Conzella, Pfarrkirchen
Printed in Germany

Bildnachweis:
Seite 166: Jörg Lehmann; alle anderen Fotos: Mathias Neubauer

Umwelthinweis:
Nachhaltigkeit ist uns sehr wichtig. Der Rohstoff Papier ist in der Buchproduktion hierfür von entscheidender Bedeutung. Daher ist dieses Buch auf PEFC-zertifiziertem Papier gedruckt. PEFC garantiert, dass ökologische, soziale und ökonomische Aspekte in der Verarbeitungskette unabhängig überwacht werden und lückenlos nachvollziehbar sind.

Syndication: www.seasons.agency

Die GU-Homepage finden Sie unter
www.gu.de

GRÄFE UND UNZER

Ein Unternehmen der
GANSKE VERLAGSGRUPPE